北疆文化·准格尔旗系列文化丛书

古风今韵非遗集

本书编委会 编著

中国社会科学出版社

图书在版编目（CIP）数据

古风今韵非遗集／本书编委会编著. -- 北京：中国社会科学出版社，2024.12. --（北疆文化·准格尔旗系列文化丛书）. -- ISBN 978-7-5227-4649-4

Ⅰ.G127.262

中国国家版本馆 CIP 数据核字第 2024BP3944 号

出 版 人	赵剑英
责任编辑	孙婷筠
责任校对	牛　玺
责任印制	戴　宽

出　　版	中国社会科学出版社
社　　址	北京鼓楼西大街甲 158 号
邮　　编	100720
网　　址	http://www.csspw.cn
发 行 部	010-84083685
门 市 部	010-84029450
经　　销	新华书店及其他书店

印刷装订	北京君升印刷有限公司
版　　次	2024 年 12 月第 1 版
印　　次	2024 年 12 月第 1 次印刷

开　　本	787×1092　1/16
印　　张	12.75
字　　数	206 千字
定　　价	98.00 元

凡购买中国社会科学出版社图书，如有质量问题请与本社营销中心联系调换
电话：010-84083683
版权所有　侵权必究

出 品 方

中共准格尔旗委员会宣传部

本 书 编 委 会

主 任

韩 燕

副主任

任艳华　韩淑华　武文杰　聂鹏举

主 编

武文杰

编 委

（以姓氏笔画为序）

王向东　王美臻　刘海平　任 红　张 强
苏冬霞　武文杰　武书州　武三仁　周秀英

总　　序

　　2023年6月2日，习近平总书记在文化传承发展座谈会上的重要讲话中指出，中华文明具有的突出连续性、创新性、包容性、和平性，在中华文明"五大突出特性"中，最为基础的当属连续性。政治上的连续性为中华文明的连续性提供了坚实的保障；而古代思想、学术的连续性，及代代口头相传或甲骨、竹简等文字记载的历史，则是中华文明连续性的重要表现形式和实证之一。通过"北疆文化·准格尔旗系列文化丛书"这一载体，传承一个地区的历史印迹，是地方文化工作者助力中华文明永续发展、持久传承的使命。

　　"文章合为时而著，诗歌合为事而作。"准格尔，远古时期便有古人类生存，并留下诸多旧石器时代、新石器时代遗址。进入确切纪年时代之后，中央政权在此地置郡县、筑长城，更为兵家防守必争关隘、坐贾行商重要通衢。秦时这里属云中郡，汉设美稷县和沙南县，隋代于此置榆林郡；至清顺治六年（1649），清廷在此设鄂尔多斯左翼前旗，准格尔（蒙古语汉语意为"左翼"）由此得名。中华人民共和国成立以来，在中国共产党的领导下，准格尔旗发生了翻天覆地的变化。如今，屹立于新时代潮头的准格尔旗，以习近平新时代中国特色社会主义思想为指导，全面贯彻落实党的十八大、二十大精神，深入落实习近平总书记对内蒙古的重要指示精神，围绕铸牢中华民族共同体意识这一主线，在北疆大地以先锋队与领跑者之态势奋力前行，稳居全国综合实力百强县市前列，为建设中华民族现代文明贡献着准格尔力量。"北疆文化·准格尔旗系列文化

丛书"的编撰出版，就是在这样宏大的历史背景下，浓墨重彩集卷成册，既是对历史文脉的守正创新，又是对新时代生动实践成果的阶段性总结。

书写准格尔，如何呈现其价值内涵？

从"平面"看，准格尔旗面积7692平方千米，区划面积在全国县域中属于中等之列。然而从"立体"看，古老的鄂尔多斯台地经亿万年沉淀，蕴育了物华天宝、富藏资源的准格尔。这里探明煤区面积5769平方千米，探明煤炭储量582亿吨，远景储量1000亿吨以上，是全国最大的产煤县。同时有丰富的高岭土、石灰石、铝矾土、白云岩、石英砂、煤层气等矿产资源，黄河沿北、东、南流经238千米，年过境水量248亿立方米。这里的地理位置独特而优越——地处晋陕蒙三省区交界处，隔河与山西、陕西毗邻，素有"鸡鸣三省"之称，为长城与黄河握手之地。

从"静态"看，准格尔旗安居黄河"几字弯"畔，鄂尔多斯高原之东部，库布其沙漠之末端，黄河冲积宽滩、峡谷峭壁、丘陵沟壑、沙漠及田园、森林、草地自然衔接。从"动态"看，黄河涛涛，朔风飒飒，农耕文明与游牧文明在这里几经更迭、兼容并包，汉族、蒙古族等各族人民长期以来共同生活，他们在携手创造物质文明的同时，也接力传承着生生不息的非物质文化，饮食、方言、民俗、生产、生活习惯等多元融合、和谐一体，形成独具特色的地域文化。古韵新颜，诸多元素叠加，独特的自然资源，厚重的历史底蕴与社会经济、精神气质、人文风貌等融为一体，塑型为今天的准格尔，深深地吸引着人们的目光和心灵。

千帆过尽，向新而行。时光涤荡后的历史之蕴、民族之融、人文之美、自然之韵为准格尔旗增添了深度和厚度、魅力与引力。今天的准格尔，百业兴盛，发展正酣，以"奔腾向前、百折不挠"的黄河精神、"三北精神"，在"幸福河"畔擘画如诗如歌的幸福图景。准格尔人倍加珍惜这经天然积淀及后天历练而成的优越禀赋，勠力同心，蓬勃前行，已然凝聚成一个地方如家风般的精神内涵。

记录准格尔，应当如何立意着墨？

时代发展砥砺文化风尚，"北疆文化·准格尔旗系列文化丛书"以文学、艺术、科普等多样化形式，从时空、自然、人文等多方面着墨，分门别册，文图并茂，生动展现准格尔旗的历史文化、风土人情、生态文明，以及新时代高质量发展的壮阔气势和辉煌成就。本丛书把握历史脉动，记录发展印迹，更饱含对美好未来的畅想，以多重意境巧妙构思，用情描绘，多维度呈现主题中蕴含的现实意义。归纳其内容，主要有三个立足点——

一 对历史遗存的系统回顾

文化遗产保护传承是需要投入情感的事业，是对我们的来处、对前人的创造与恩泽的赞叹和信守。准格尔这片土地，因其独特的地理位置和自然环境，在农耕文明与游牧文明、黄河文明与草原文明的融合发展中汲纳着养分、创造着未来，历史长河中遗存众多，对研究中华文化发展有着不容忽视的作用。长期以来，准格尔旗宣传思想文化部门在旗委、政府的大力支持下，深植中华优秀传统文化的丰厚沃土，推动文化保护传承与创新发展，守护精神家园，留住历史根脉，让准格尔旗诸如寨子塔遗址等历史瑰宝、漫瀚调等非物质文化遗产得以留存和保护。本丛书对它们逐一盘点、悉数记录，这也是对其活化利用，使之焕发新生。

位于晋、陕、蒙接壤之处的准格尔，饮食文化也别具一格，形成独具特色的"准格尔味道"。宴会席面、待客菜品有"六六八八"、纳林风味；特色小吃有碗饦、煎饼，日常主食有"酸粥酸饭酸米汤""炸糕圐圙"等。尤为有趣的是，特色小吃、传统主食与炖羯羊肉及奶茶炒米一桌共盛，相融至味，毫不违和。体现融合之味的还有"烩菜"系列。准格尔味道，不止是美食，更是一种文化沉淀。

二 对时代风貌的深情礼赞

准格尔旗的发展历程可以说是新中国发展历史的生动缩影。20 世纪 80 年代以来，准格尔旗在党的领导下，乘着改革开放和国家能源战略西移、西部大开发之东风，相继启动建设国家"八五"重点建设项目准格尔煤田、"九五"国家重点工程万家寨水利枢纽、现代煤化工及装备制造、转型发展非煤产业，连续18年位列全国县域经济综合竞争力百强，曾是"七山二沙一分田"的小县，为缔造现代工业文明、跨越式发展贡献着准格尔力量。进入新时代，良好的区位、资源优势与呼包鄂榆城市群协同发展等重大机遇叠加，准格尔旗加速崛起，经济总量居全区县级第一，率先塑造"千亿实力旗区""千亿煤炭产业集群"之奇迹，为党的第一个百年奋斗目标呈上北疆工业县城的形象名片，成为追求卓越、成就梦想的沃土。本丛书通过文学、艺术方式，生动再现了准格尔旗在新时代发展历程中的生动实践。

从古代起，便有帝王将相、文人墨客对准格尔以诗词赞誉。如隋大业三年（607）炀帝北巡塞外，至榆林郡（今十二连城）后大宴北方各少数民族首领，面对滚滚东流的黄河，隋炀帝豪迈放歌，写下了《北巡示从臣》，其中有"毡帐望风举，穹庐向日开""何如汉天子，空上单于台"的感慨；唐代著名诗人王维在《榆林郡歌》中写道"千里万里春草色，黄河东流流不息"，也对这片葱茏之地发出了赞叹；清康熙三十五年（1696），康熙亲征噶尔丹时率将士踏冰过黄河到准格尔旗，有感而发，留下诗作《晓寒念将士》："长河冻结朔风攒，带甲横戈未即安。每见霜华侵晓月，最怜将士不胜寒。"

新的历史飞跃，期待新的书写。步入新世纪，古老的准格尔大地秉承厚重的历史文化底蕴，在鄂尔多斯高原、在北疆大地再展雄姿。

本丛书通过小说、散文、诗歌等充满力量的文学作品，以新故事、新形象、新旋律、新风格抒发准格尔旗的奋斗豪情，传递可贵精神。本丛书收录的文学作品，不只限于本土作品，更放眼区内外，广纳天下文人志士描述准格尔开放与包容、自然与淳朴、厚重与蓬勃的精品力作。

而一张张老照片，从黑白到彩色，从胶片到数码，在色彩变化与材质的转换中，以影像方式镌刻着准格尔飞速发展的时代印迹。

三　对自然景观的写真记录

山水田园，自古以来便是入诗入画的绝佳题材。较之天然水墨画般的长江水乡，黄河臂弯里的小城准格尔，以独特的北方山水自成一方盛景。黄河自西北向东南环抱准格尔，所流之处从北部坦荡平原到东南部峻美峡谷，风光不同，各美其美，独特的自然生态景观，尽情展示着黄河母亲对准格尔的偏爱。

生长于鄂尔多斯高原东南部、准格尔旗纳日松镇松树塔村的大松树，已有超过900年的树龄，被誉为千年油松王，饱经岁月风霜、寒暑洗礼，仍以蓬勃之势屹立于逶迤的丘陵上。在准格尔这片丘陵沟壑纵横的高原厚土之上，还生长着诸多古树，它们都以图文形式收入"北疆文化·准格尔旗系列文化丛书"，以示今人，以传后世。

准格尔黄河大峡谷、库布其沙漠、国家黄河文化公园、国家矿山公园、阿贵庙原始次生林等生态景观珠辉玉映，再加上准格尔人对生态环境的大力保护，为各类鸟儿提供了优越的生活环境。"北疆文化·准格尔旗系列文化丛书"独辟一册，准格尔旗境内的多种鸟类亦翩翩"飞"入书中，让读者一睹风采。

"半亩方塘一鉴开，天光云影共徘徊。"准格尔旗的大部分地貌为丘陵沟壑，间或有沙丘分布，然而因靠近黄河，地下水极为丰富，黄河水量较大时还会溢出河道，在河道周边的乡村形成大大小小的水塘。加之这里属温带大陆性气候，雨热同期，夏季集中降水也会使土质较硬的地方积水成池。这些池塘，或养鱼虾，或浇灌菜地果园，时有飞禽饮水，水鸟栖息，自成微观生态系统。

盛世修文，弦歌不辍。准格尔旗的山川大地、树木田园常变常新，以其独有的方式记录着时代更迭，应接着日渐美好的未来；而准格尔人亦奋发作为，倾情发力，为建设中国式现代化贡献着自身力量。

本丛书图文并茂，将当代准格尔的辽阔大地、厚重历史、优良生态、发展态势，广纳其中。虽然从篇幅来看，在卷帙浩繁的中华文库中，只是沧海一粟；从内容来看，也只是准格尔旗时光长河中的一个片段，然则一枝一叶之蓬勃亦可展示整个根脉之旺盛生机,一点一滴之润泽亦可体现全部发展历程之川流不息,此书之陆续面世,亦不可谓无功于中华民族之伟大复兴。

"苟日新,日日新,又日新",时代发展的车轮滚滚向前,建设更加美好的准格尔,讲好准格尔发展的中国故事,是准格尔人永不停息的追求。

前　　言

　　非物质文化遗产是一个民族文化的重要标志，承载着历史的记忆与文化的精髓。习近平总书记在多个场合强调，非物质文化遗产是中华文化的重要组成部分，是民族团结和文化自信的重要源泉。他指出，保护和传承非物质文化遗产不仅是文化发展的需要，更是增强国家软实力、促进社会和谐的重要途径。总书记的论述为我们指明了方向，激励我们在新时代背景下，积极探索非遗的保护与传承之路。

　　组织编纂本书，旨在系统梳理和全面展示我们准格尔丰富多彩的非遗文化。这些项目不仅反映了当地人民的智慧与创造力，更是地域文化的生动体现。传统习俗、手工技艺、民间艺术、节庆活动，这些非遗项目如同璀璨的明珠，串联起了地方的历史与未来，展现了本土的独特文化魅力。

　　本书中，我们还列出了当地非遗项目的代表性人物名录。这些传承人是非遗文化的守护者，他们以精湛的技艺和无私的奉献将传统文化代代延续。他们的故事与经历不仅是个人的奋斗历程，更是整个地区文化传承的重要组成部分，值得我们铭记与尊重。

　　编纂本书的目的，还在于提升公众对非遗保护的认知与重视。我们希望通过本书为读者提供更加多面的文化视角，促进对非物质文化遗产的理解与关注。我们也期望本书能为学术研究提供基础的图文资料，并给后代留下珍贵的精神财富。

　　"非物质文化遗产蕴含着丰富的民族精神和文化价值，保护好这些遗产，

既是对历史的尊重,也是对未来的责任。"让我们共同走进准格尔的非物质文化遗产宝藏,感受那份深厚的文化底蕴与无尽的创新活力,共同为文化的传承与发展贡献智慧和力量。

武文杰

2024 年 10 月

目　　录

第一章　非物质文化遗产的概念……………………………1

第一节　总体概念…………………………………………1

第二节　有关定义…………………………………………2

第三节　具体门类…………………………………………3

第四节　非物质文化遗产名录……………………………3

第五节　保护传承…………………………………………4

第二章　准格尔旗历史文化概述……………………………6

第一节　旗情概览…………………………………………6

第二节　旗域变迁…………………………………………9

第三节　建置沿革…………………………………………10

第四节　区划变更…………………………………………12

第五节　旗治考略…………………………………………15

第六节　人文概况…………………………………………16

第七节　地形地貌…………………………………………19

第八节　非物质文化遗产特点……………………………21

第三章　准格尔旗非物质文化遗产项目简介 …………………… 22

　　第一节　准格尔旗非物质文化遗产保护工作概况 ………………… 22

　　第二节　国家级非物质文化遗产项目 ……………………………… 24

　　第三节　自治区级非物质文化遗产项目 …………………………… 29

　　第四节　市级非物质文化遗产项目 ………………………………… 47

　　第五节　旗级非物质文化遗产项目 ………………………………… 61

第四章　准格尔旗非物质文化遗产项目传承人名录 …………… 90

　　第一节　国家级非物质文化遗产项目传承人 ……………………… 90

　　第二节　自治区级非物质文化遗产项目传承人 …………………… 142

　　第三节　市级非物质文化遗产项目传承人 ………………………… 161

　　第四节　旗级非物质文化遗产项目传承人 ………………………… 166

准格尔旗非物质文化遗产项目名录 ……………………………… 182

准格尔旗非物质文化遗产项目及传承人汇总表 ………………… 184

后　记 ………………………………………………………………… 189

第一章　非物质文化遗产的概念

第一节　总体概念

非物质文化遗产（Intangible Cultural Heritage），简称"非遗"，与"物质文化遗产"相对。

在中国，非物质文化遗产是指各族人民世代相传，并视为其文化遗产组成部分的各种传统文化表现形式，以及与传统文化表现形式相关的实物和场所。

非物质文化遗产是文化多样性中最富活力的重要组成部分之一，是人类文明的结晶和宝贵的财富，承载着人类的智慧、人类历史的文明与辉煌。

2003年10月17日，联合国教科文组织第32届大会通过《保护非物质文化遗产公约》，（后文简称《公约》），这是人类历史上非物质文化遗产保护事业的重要里程碑。

2004年8月28日，中华人民共和国第十届全国人民代表大会常务委员会批准中国加入《公约》，中国成为第6个加入《公约》的国家。

截至2023年12月，联合国教科文组织非物质文化遗产名录（名册）共收录730项遗产项目，来自于145个国家。其中，中国列入共计43项，总数位居世界第一。

截至2023年12月，具有中国特色的国家、省、市、县四级非物质文化遗产名录共认定非遗代表性项目十万余项。

第二节　有关定义

一　联合国教科文组织《保护非物质文化遗产公约》中的定义

非物质文化遗产，指被各社区、群体，有时是个人，视为其文化遗产组成部分的各种社会实践、观念表述、表现形式、知识、技能以及相关的工具、实物、手工艺品和文化场所。

这种非物质文化遗产世代相传，在各社区和群体适应周围环境以及与自然和历史的互动中，被不断地再创造，为这些社区和群体提供认同感和持续感，从而增强对文化多样性和人类创造力的尊重。

在本公约中，只考虑符合现有的国际人权文件，各社区、群体和个人之间相互尊重的需要和顺应可持续发展的非物质文化遗产。包括以下方面：

1. 口头传统和表现形式，包括作为非物质文化遗产媒介的语言；
2. 表演艺术；
3. 社会实践、仪式、节庆活动；
4. 有关自然界和宇宙的知识和实践；
5. 传统手工艺。

二　《中华人民共和国非物质文化遗产法》中的定义

非物质文化遗产，是指各族人民世代相传并视为其文化遗产组成部分的各种传统文化表现形式，以及与传统文化表现形式相关的实物和场所。包括：

1. 传统口头文学以及作为其载体的语言；
2. 传统美术、书法、音乐、舞蹈、戏剧、曲艺和杂技；
3. 传统技艺、医药和历法；
4. 传统礼仪、节庆等民俗；
5. 传统体育和游艺；
6. 其他非物质文化遗产。

属于非物质文化遗产组成部分的实物和场所，凡属文物的，适用于《中华人民共和国文物保护法》的有关规定。

第三节 具体门类

中国非物质文化遗产代表性项目名录十大门类。分别为：

1. 民间文学；
2. 传统音乐；
3. 传统舞蹈；
4. 传统戏剧；
5. 曲艺；
6. 传统体育、游艺与杂技；
7. 传统美术；
8. 传统技艺；
9. 传统医药；
10. 民俗。

第四节 非物质文化遗产名录

作为履行《公约》缔约国义务的重要内容之一，中国积极推进向联合国教科文组织申报非物质文化遗产名录（名册）项目的相关工作，以促进国际一级保护工作，提高相关非物质文化遗产的可见度。

截至 2022 年 12 月，中国列入联合国教科文组织非物质文化遗产名录（名册）项目共计 43 项，总数位居世界第一。其中，人类非物质文化遗产代表作 35 项；急需保护的非物质文化遗产名录 7 项；优秀实践名册 1 项。

建立非物质文化遗产代表性项目名录，对保护对象予以确认，以便集中有限资源，对体现中华民族优秀传统文化，具有历史、文学、艺术、科学价值的

非物质文化遗产项目进行重点保护,是非物质文化遗产保护的重要基础性工作之一。

截至2021年,中国已经建立起了具有中国特色的国家、省、市、县四级的非物质文化遗产名录体系,四级名录共认定非物质文化遗产代表性项目十万余项,一大批珍贵、濒危和具有重大价值的非物质文化遗产得到了有效的保护。

第五节 保护传承

一 方针原则

2005年《国务院办公厅关于加强中国非物质文化遗产保护工作的意见》提出方针原则:

工作指导方针:保护为主、抢救第一、合理利用、传承发展。

工作原则:政府主导、社会参与,明确职责、形成合力;长远规划、分步实施,点面结合、讲求实效。

2021年中共中央办公厅、国务院办公厅印发《关于进一步加强非物质文化遗产保护工作的意见》提出原则:

工作原则:坚持党对非物质文化遗产保护工作的领导,巩固党委领导、政府负责、部门协同、社会参与的工作格局;坚持马克思主义祖国观、民族观、文化观、历史观,铸牢中华民族共同体意识;坚持以人民为中心,着力解决人民群众普遍关心的突出问题,不断增强人民群众的参与感、获得感、认同感;坚持依法保护,全面落实法定职责;坚持守正创新,尊重非物质文化遗产基本内涵,弘扬其当代价值。

二 具体措施

中共中央办公厅、国务院办公厅《关于进一步加强非物质文化遗产保护工作的意见》要求,健全非物质文化遗产保护传承体系、提高非物质文化遗产保护传承水平、加大非物质文化遗产传播普及力度等,包括以下方面:

1. 完善调查记录体系。

2. 完善代表性项目制度。

3. 完善代表性传承人制度。

4. 完善区域性整体保护制度。

5. 完善传承体验设施体系。

6. 完善理论研究体系。

7. 加强分类保护。

8. 融入国家重大战略。

9. 促进合理利用。

10. 加强革命老区、民族地区、边疆地区、脱贫地区非物质文化遗产保护传承。

11. 促进广泛传播。

12. 融入国民教育体系。

13. 加强对外和对港澳台交流合作。

14. 加强组织领导。

15. 完善政策法规。

16. 加强财税金融支持。

17. 强化机构队伍建设。

第二章　准格尔旗历史文化概述

第一节　旗情概览

准格尔旗，旧称鄂尔多斯左翼前旗，隶属内蒙古自治区鄂尔多斯市，地处内蒙古西南部、鄂尔多斯市东部，北、东、南三面被黄河环绕，流经238千米，与包头市、呼和浩特市、山西省隔河相望；南临古长城与陕西省交界；西与达拉特旗、东胜区、伊金霍洛旗接壤；素有"鸡鸣三省"之称；地貌以丘陵沟壑为主，可谓"七山二沙一分田"；准格尔旗，属中温带大陆性半干旱气候，总面积7692平方千米，现辖1个经济开发区（含2个产业园）、7个镇、2个乡、1个苏木、4个街道，共158个嘎查村、42个社区，截至2023年年末，常住人口36万人；居住着蒙古、汉、回、满、藏等28个民族。旗政府驻地薛家湾镇。

准格尔旗既是华夏农耕文明的沃土，也是中国早期畜牧文明的摇篮，更是北方马背民族纵横驰骋的辽阔舞台。准格尔旗历史悠久，早在5000多年前，这里就有人类活动。清顺治六年（1649年），建鄂尔多斯左翼前旗（即准格尔旗，蒙古语意为"左翼、左手"）。中华人民共和国成立初辖于绥远省，绥远省并入内蒙古自治区后，准格尔旗属内蒙古自治区伊克昭盟行政公署管辖。2001年9月，撤伊克昭盟设鄂尔多斯市，准格尔旗属内蒙古自治区鄂尔多斯市。境内文化旅游资源丰富，黄河大峡谷（图2-5）、油松王（图2-6）、阿贵庙原始次生林（图2-7）等自然和人文景观独具特色，蒙汉交融的民间艺术"漫瀚调"是国家非物质文化遗产。

准格尔旗是国家园林县城（图 2-1）、国家卫生县城（图 2-2）、全国文明县城（图 2-3）、全国民族团结进步模范集体（图 2-4）。2023 年，完成地区生产总值 1400.26 亿元，一般公共预算收入 173.3 亿元，稳居全国综合实力百强县市前 30 强。

图 2-1　国家园林县城　　　　　图 2-2　国家卫生县城

图 2-3　全国文明县城　　　　图 2-4　全国民族团结进步模范集体

图 2-5　黄河大峡谷

图 2-6 油松王景区

图 2-7 阿贵庙原始次生林

第二节　旗域变迁

准格尔旗旗境的形成，应溯源至明朝成化年间。蒙古族鄂尔多斯部落徙居于河套，只有人丁编制的鄂托克基层组织，无固定区域驻牧。清顺治六年（1649年），清廷将鄂尔多斯部落划分为六旗，准格尔旗当时称鄂尔多斯左翼前旗，地域范围是东至湖滩河溯70千米，接土默特旗界；西至衮额尔吉庙50千米，接郡王旗界；南至清水营55千米，接长城界；北至贺陀罗海50千米，接达拉特旗界；东南至喀赖和硕40千米，接长城界；西南至额勒默图50千米，接长城界；东北至黄河65千米，接土默特旗界；西北至可退坡40千米，接达拉特旗界。东西长120千米，南北宽105千米，东北至西南115千米，东南至西北80千米。面积约为13520平方千米。当时，各旗旗界因没有勘定，所以各旗间只有大体游牧范围。

乾隆四年（1739年），清廷理藩院派驻神木、银川管理蒙古事务的员外郎刘智、巴彦尔会同伊克昭盟盟长和七旗（后又增一旗）札萨克，在乌审旗囊素喇嘛庙商定各旗旗界。次年清廷又派乾清门行走、二品侍卫、二等伯禾拉兔和骑都尉长阿兰泰会同伊盟各旗札萨克，具体勘定旗界界标。鄂尔多斯左翼前旗札萨克那木札勒道尔济前往参与。当时黄河流出包头、经毛岱，把今土右旗的党三窑子、程奎海子、小召子、将军窑子等地围到黄河以南。所以这些地方时属鄂尔多斯左翼前旗辖区。

清代同治年间，北部黄河改道，将今达拉特旗德胜太乡以东至今准格尔旗十二连城一带的大片土地改到了黄河北岸。因此准格尔旗与土默特旗发生了地界纠纷。结果，清廷以按成分配的方法，把部分土地划归土默特旗，旗境有所缩小。

清代光绪三十四年（1908年），清廷命督办垦务的绥远将军贻谷放垦蒙旗土地。旗境东走九坪，西迄羊市塔一带长110千米，宽5—10千米的"黑界地"放垦后和原已耕种的皇界八牌地一并分作仁、义、礼、智、信五段，仁、义二段（包括今长滩、马栅地区）。归山西省河曲县代管。礼、智、信三段为陕西省府谷县代管。至民国七年（1918年），仁、义二段编为河曲县第四区；民国二十三年（1934年），准旗东协理奇文英夺回礼、智、信三段地区。

1950年5月30日，长滩、马栅地区划归伊克昭盟直管，同年秋征时移交准格尔旗。迄今，旗属境域无大变化。

图2-8　库布其大沙漠

第三节　建置沿革

夏商周时期（公元前21世纪至公元前4世纪），旗境为土方、鬼方、荤粥、猃狁、林胡等部族驻牧地。

图2-9　伊克昭盟蒙古鄂尔多斯部王公会盟铜像

春秋战国时期，旗境先为魏国上郡辖区。公元前328年，魏被秦战败，把上郡割让给秦国，称"河南地"。后又为林胡、楼烦部所占。

公元前206年，赵武灵王经过"胡服骑射"改革后，赵国国势强大，将旗境据为其所有，划归云中郡管辖。战国后期，旗境又为秦国所占。

秦始皇统一六国后，旗境分别属九原、云中、上郡管辖。在旗境西南曾设广衍县（在今纳日松镇勿图门古城）。当时称这一带为"新秦中"或"河南地"。

图2-10 鄂尔多斯左翼前旗（准格尔旗）札萨克印信

公元前127年，西汉建立，旗境分别归属云中、五原、西河郡辖。在旗境内设沙南县（今十二连城古城）、广衍县、富昌县（皇甫川北古城）、美稷县（今沙圪堵镇纳林北古城），在美稷设属国都尉府，安置归附的匈奴人。王莽篡权后，为控制北方领土，将云中郡改为受降郡，西河郡改为归新郡，管理投降的匈奴人。东汉时，南匈奴呼韩邪单于归汉，汉在美稷设单于庭，为南匈奴的政治、军事中心。

图2-11 清伊克昭盟金漆木制札萨克印信盒

公元425年，北魏划旗境黄河沿岸一带归朔州辖；公元525年，又裁朔州划入并州。

隋代统一后，在旗境置榆林郡（今十二连城古城），领榆林县、富昌县（今天顺圪梁古城）、金河县。

公元627年，唐太宗将旗境划入关内道领属，在东北部置胜州，下辖榆林县（今十二连

图2-12 蒙古鄂尔多斯部伊克昭盟盟长印信

11

古城）、河滨县（今天顺圪梁古城）；西南归鳞州辖。

公元916年，辽划旗境为振武军领属，废胜州；在今托克托县设东胜州，辖旗境东北部；置榆林县和河滨县，在旗境西部设金肃州。

公元960年，北宋在旗境西南设丰州（今纳日松镇二长渠村）。为北宋王朝在内蒙古地区设置的唯一的州城。旗境其他地区为西夏领地。

元灭西夏统一中国后，把旗境划归中书省河东山西道宣慰司大同路领属，为东胜州辖区。

明初，旗境为东胜右卫地，天顺年间，渐次为鞑靼蒙古部驻牧。崇祯八年（1635年），鄂尔多斯济农额璘臣率部归属后金。

清顺治六年（1649年），将鄂尔多斯部落划为六旗，旗境为鄂尔多斯左翼前旗。

中华民国时，按照"优待蒙古条例"，旗制如前。

民国二十九年（1940年），国民党在今长滩设山西省河曲县政府（因河曲为解放区）。

1948年，旗境黄河以南解放，成立了共产党领导的准格尔旗临时自治政务委员会。

1949年，黄河以北全部解放，准格尔旗临时政务委员会到黄河北岸的党三窑子接收准格尔旗旧王府（民国后期设在党三窑子的王保公）。

1950年1月，末代王爷奇福海回沙圪堵交印，旗境全部回到人民的怀抱。成立了准格尔旗人民政府。

1955年9月，准格尔旗人民政府改称准格尔旗人民委员会；1968年4月又改称准格尔旗革命委员会；1981年1月，复改称准格尔旗人民政府至今。

第四节　区划变更

清顺治六年（1649年）设旗之时，本旗改明代的鄂托克、百户、十户长制为参领、佐领制，以统领其众。蒙古族因游牧的经济生活所决定，地域观念不十分强烈，故军事代行政组织的参领、佐领只管民众，不统辖区域。其时共在旗设8参领，42佐领。

参领相当于区乡一级行政机构，亦相当营一级军事组织。蒙古语称"伍兑"，满语称"扎兰"，编制只设参领1人。佐领蒙语称"苏木章盖"，满语称"牛录"，相当村一级行政组织，亦相当连一级军事组织。

康熙三十一年（1683年），在今十二连城划出方圆20千米的东素海驿站地，归杀虎口驿传道。

乾隆年间，在已垦界地设8个通事牌，每牌设通事1人，专管汉民垦地事宜。嘉庆、道光年间，旗境土地大面积开垦，旗内指派若干"大钦"（官职名），专管当地汉民租地垦种。

光绪二十年（1894年），以人丁为基础的参、佐制度名存实亡，各地代之以达庆（大钦的转音）、达尔古牌。全旗设13个达庆牌，56个达尔古牌，管辖蒙汉民行政事宜。达庆牌相当于区乡建置，达尔古牌相当于行政村组织，其下又设小达尔古牌。

1948年5月，中国共产党领导的准格尔旗临时自治政务委员会成立，旗府驻地沙圪堵。全旗下设13个达庆牌，73个达尔古牌，1个界地联合会，1个东素海站地联合会。

1949年9月，随绥远省当局和平起义，准格尔旗全境解放。

1950年1月，准格尔旗属绥远省伊克昭蒙古族自治区。

1950年8月，撤销站地、界地联合会。13个达庆牌改为12个区公所，73个达尔古牌改为83个乡、镇，同年9月，山西省河曲县第四区划归准格尔旗，依序编为第十三区。

1953年，旗政务委员会改称人民政府，第一区划分为第一区和第十四区。

1954年3月，绥远省并入内蒙古自治区。同年6月，撤伊克昭自治区设伊克昭盟，准格尔旗属内蒙古自治区伊克昭盟。

1954年，根据内蒙古自治区人民政府令黄河以北的第一区和第十四区移交萨拉齐县管辖。

1955年，原旗第十三区改为第一区，全旗区划为12个区，62个乡镇。

1956年7月，撤大路、羊市塔、海子塔3个区公所，63个乡镇合并为38个。

1958年12月，区乡建制全部撤销，全旗分设8个人民公社，31个管理区，132个生产队。

1961年11月，8个人民公社重新划定为25个，管理区改划为305个生产大队，又划了1590个生产小队。

1968年，全旗人民公社、生产大队都冠称革命委员会。

1976年9月，增设沙圪堵城关人民公社。

1981年，旗革命委员会改称旗人民政府。

1983年8月，人民公社也相应改为乡、镇人民政府，生产大队改称为村民委员会，生产小队改称为农业生产合作社。全旗辖25个乡、1个镇。

1986年8月，增设榆树湾镇；

1990年8月，又增设薛家湾镇。

1999年8月，旗人民政府驻地迁至薛家湾镇。

1999年10月，设沙圪堵经济技术开发区。2000年8月，更名为内蒙古沙圪堵经济技术开发区。

2001年9月，撤伊克昭盟设鄂尔多斯市，准格尔旗属内蒙古自治区鄂尔多斯市。

2001年9月，全旗撤乡并镇，辖12个镇、8个乡。

2005年7月，全旗乡镇机构改革后辖1个苏木、2个乡、6个镇。

2005年11月，内蒙古沙圪堵经济技术开发区更名为内蒙古准格尔经济开发区。

2006年12月，设大路新区。2008年1月，更名为鄂尔多斯大路煤化工基地。

2010年11月，增设兴隆、迎泽、蓝天、友谊4个街道办事处。

2016年9月，重设魏家峁镇。

2021年12月，鄂尔多斯大路煤化工基地管理委员会、准格尔旗开发区管理委员会合并为内蒙古鄂尔多斯准格尔经济开发区管理委员会。

第五节　旗治考略

建旗之始，旗治所设于札拉谷（今纳林贾浪沟石拉塔），无城郭建筑，只以毡帐驻扎，供札萨克等官员办公和休息，蒙古语称为"陶劳乌日都"，意为七座毡帐。

清代同治初年，扎那嘎尔迪札萨克被封为御前行走大臣，在布尔陶亥新建砖木结构的札萨克衙门，俗称王府。王府四周广阔的大草滩布满星星点点的牧民毡包。

同治十一年（1872年），扎那嘎尔迪晋爵贝勒，于旧王府东北百余米处新建贝勒府。并筑方形土城围护，城墙周长2.25千米，高阔各7米，上设12座炮台，东西设城门，并建有城楼，人称"大营盘"。1938年2月，日伪军进犯大营盘，王府建筑大部被毁。

1942年，蒙藏委员会和绥远省批准阿拉腾敖其尔之子奇治国为准格尔旗第十二代札萨克，为防止日军侵扰，将札萨克府建在德胜西恒胜玉。三年后奇病毙，札萨克府又迁回大营盘。

1946年12月24日，准旗末代王爷奇福海在黄河北岸的党三窑子王保公建新王府，就任札萨克。

1948年5月，准格尔旗解放，旗政府设于沙圪堵镇。

1950年，奇福海回沙圪堵交印，从此封建王公在准旗的封制结束。

沙圪堵镇初建于民国七年（1918年），当时为准旗协理札萨克那森达赉

图 2-13　准格尔旗王爷府

的驻军办公之地,在其苦心经营下,沙圪堵曾一度繁荣,成为准旗的政治、经济、军事、文化中心,时称"那公镇"。

新中国成立后,经过四十多年的建设,镇区面貌焕然一新。镇区范围东至栗家圪旦,西到纳林川,北至公益盖沟,南到忽鸡兔沟。南北长6.5千米,东西宽3.23千米,总面积20平方千米。镇内南北向主街有迎宾路、八一路、准格尔路3条,东西向街道有育才街、文化街、公园街3条,均为水泥路面。沿街楼房林立。百人以上工厂企业有民族地毯厂、果品厂、制鞋厂、机械厂、化肥厂、煤炭公司、建筑公司、运输公司等。镇内有完全小学3所,中专、职业学校2所,普通中学3所,幼儿园、托儿所17处;有影剧院、工人文化宫、电视差转台、有线电视台、广播电台、体育场、儿童游乐场、文化馆、图书馆、文物陈列室等文体设施;旗邮电局与全国实现电话程控联网;沙圪堵至呼市、包头、陕西、山西客货运输畅通;镇区有人民医院、中蒙医院、妇幼保健站、卫生防疫站,以及遍布镇区的个体诊所;镇内还有3个集贸市场以及国营、集体、个体商业网点和服务网点等多种商业机构。

1996年8月30日,经民政部批准,准格尔旗人民政府驻地将迁址薛家湾镇。

薛家湾镇位于准旗东部,距沙圪堵镇78千米,面积308平方千米,包括杨四圪嘴商业批发站、准格尔煤炭工业公司办公区、张家圪旦露天煤矿区、唐公塔煤矿区、关地塔坑口电站、小沙湾水源工程。镇设6个居民委员会;23个居民小组和唐公塔、薛家湾、长胜店3个村民委员会。这里的煤炭资源举世瞩目,准格尔煤田为国家"八五"重点建设项目,镇内有准格尔煤炭工业公司地级企业1个,另有唐公塔煤矿和坑口电站2个县级企业。镇区交通位置优越,这里是丰准铁路和薛魏公路的起点,109国道、103省道过境。

第六节　人文概况

据史料记载,早在远古时期,准格尔旗就有古人类活动的足迹。千百年来,黄河文化与长城文化在这里交相辉映,农耕文明与游牧文明在这里碰撞融合,留下了"文物遗存无缺失，古城遗址不断代"的丰富文物遗产。这里有五千年左右古人类祭祀古城——寨子圪旦，享有"东方金字塔"的美誉（图2-14）；有四百年历史的藏传佛教寺庙——准格尔召，融汉藏建筑特色于一体，是鄂尔多斯境内最大的召庙建筑群；有毗邻黄河岸边的十二连城，见证了从汉到明两千年的兴衰；有西沟畔的匈奴墓葬，出土了"格里芬"风格铜雕牌饰，传递着古丝绸之路与中亚文明交流的信息；有西汉时期西河郡的属地——美稷古城（图2-17）；有诚信故事"郭伋竹马"这样的美谈流传至今，类似的古迹、文物、典故不胜枚举。这里还留存有秦汉时期十二连城沙南县城、大路城壕古城、暖水榆树壕古城、纳林美稷县城，沙圪堵北魏石子湾古城，隋唐时期十二连城榆林郡、胜州城，宋代纳日松丰州古城，西夏城坡古城，明代十二连城东胜右卫城，清代布尔陶亥大营盘王爷府古城，是全自治区少有的古城遗址不断代的旗县。目前，准格尔旗有文物遗迹220处。其中，国家级重点文物保护单位4处、自治区级重点文物保护单位12处、市级重点文物保护单位9处、旗级文保单位195处。

得天独厚的自然资源，丰富厚重的文化底蕴，几千年来北方游牧民族与中原农耕民族，在准格尔大地五进五出生产生活，游牧文化、农耕文化、黄

图2-14　古人类祭祀古城——寨子圪旦遗址

图 2-15 西周古墓群

图 2-16 丰州古城之保宁砦松树塔村古城遗址

图 2-17 纳林美稷古城

河文化、民俗文化、红色革命文化自此交融发展，构成了准格尔旗独具一格的地域文化。准格尔旗拥有各级非物质文化遗产27项，其中国家级1项（漫瀚调）、自治区级8项、市级4项、旗级14项，其中最具有特色的"漫瀚调"已经成为了准格尔旗乃至北疆的亮丽名片，准格尔旗在1996年被文化部命名为"中国民间文化艺术（漫瀚调）之乡"；2005年被文化部评为全国文化先进旗，2020年荣获"中国最佳民族民俗文化旅游目的地、中国最美黄河峡谷风情旅游目的地、中国最具特色文化旅游节庆"；2021年被国家文化和旅游部命名为2021—2023年度"中国民间文化艺术（漫瀚调）之乡"；2023年，在第十届文化和旅游融合与创新论坛中荣获"非物质文化遗产优秀城市"荣誉称号。

第七节 地形地貌

准格尔旗地处鄂尔多斯高原东南部，整个地形西北高，东南低，由西向东逐渐倾斜。最高点为神山电视发射台圐圙沟掌，海拔1584.6米。最低点为龙口镇马栅村黄河岸边，海拔高度为820米。旗境地貌类型复杂。浩瀚的库布其沙漠自西向东分布于旗境北部。沙漠南北呈现截然不同的两种自然景观。北部为黄河冲击平原及二级台地,土地平展,一望无际,为准旗的产粮区。南部山高谷深,群山起伏,岩石裸露,为典型的丘陵沟壑区。

图 2-18　神山电视发射台至高点

图 2-19　大口丹霞地貌

第八节　非物质文化遗产特点

　　总体而言，准格尔旗的非物质文化遗产具有以下几个方面的特点。一是总量丰富，门类众多。非遗项目以民族习俗、传统技艺为主，传统体育、民间文学为辅，尤其是传统音乐——漫瀚调，作为国家级非物质文化遗产项目，占有特别的地位。二是分布广泛，遍及全境。无论农区、牧区、矿区、城区、景区、学区、社区，可谓如影随形、随影于行。三是历史久远，价值较高。寨子圪旦遗迹的发现，证明准格尔地早在5000年前已有古人类活动。生活于这块土地的先人们交流融合，共同创造并留下了许多珍贵的物质文化遗产，以及如传统习俗、技艺、音乐等极具价值的非物质文化遗产。四是特色鲜明，代表性强。这些项目既有地域特点，又有民族特色，更有时代特征。

第三章 准格尔旗非物质文化遗产项目简介

第一节 准格尔旗非物质文化遗产保护工作概况

非物质文化遗产是根据联合国教科文组织的《保护非物质文化遗产公约》定义，指各群体、团体、有时为个人所视为其文化遗产的各种实践、表演、表现形式、知识体系和技能及其有关的工具、实物、工艺品和文化场所。非物质文化遗产包括传统口头文学以及作为其载体的语言、传统美术等。

非物质文化遗产是一个国家和民族历史文化成就的重要标志，是优秀传统文化的重要组成部分。"非物质文化遗产"与"物质文化遗产"相对，合称"文化遗产"。国务院决定从2006年起将每年六月的第二个星期六列为我国的"文化遗产日"。《中华人民共和国非物质文化遗产法》于2011年6月1日起实施。从2017年起调整设立为"文化和自然遗产日"。《内蒙古自治区非物质文化遗产保护条例》自2017年7月1日起施行。

近年来，准格尔旗认真贯彻落实《非物质文化遗产法》，将非遗保护与传承作为繁荣发展地方文化事业的重点工作来抓，坚持"保护为主、抢救第一、合理利用、传承发展"的方针，采取得力措施，严格把关，加强对非物质文化遗产的挖掘、抢救、保护和利用，围绕旗域民间文学、传统音乐、舞蹈、戏剧、曲艺、体育、游艺与杂技、美术、技艺、医药、民俗等非物质文化遗产众多的特点，以及非遗资源的种类、数量、分布状况和生存环境等情况开展普查、挖掘、整理和建档，非遗保护工作步入了制度化、规范化轨道，并取得了显著成效，四级非物质文化遗产保护名录体系基本形成。

目前，全旗已成功申报旗级以上非物质文化遗产项目 27 项，申报评定各级代表性传承人 164 人。其中：国家级有 1 项（漫瀚调）；自治区级有 8 项（灯游会、准格尔旗传说故事、油松王祭祀、准格尔召经会、准格尔植物染色技艺、骡驮轿婚俗、准格尔粗瓷制作技艺、准格尔蒙古族民歌）；市级有 4 项（准格尔传统游艺、准格尔传统饮食——"六六八八"、准格尔碗饦制作技艺、准格尔蒙古族传统服饰）；旗级有 14 项（准格尔传统面塑、准格尔传统寿诞礼俗、准格尔传统丧葬礼俗、准格尔喇嘛教史话、准格尔民间剪纸、准格尔民间刺绣、准格尔民间雕塑、准格尔民间工艺、准格尔方言、准格尔谚语、准格尔地毯砍制技艺、准格尔蒙古族婚礼、石窟营造技艺、酸粥制作技艺）。全旗有国家级代表性传承人 1 人，自治区级代表性传承人 5 人，市级代表性传承人 21 人，旗级代表性传承人 142 人。此外，准格尔旗文化和旅游局非物质文化遗产保护工作者张强同志还获评 2023 "中国非遗年度人物"。

准格尔旗还有多个非遗代表性项目保护单位。目前，已设有 3 家市级非遗工坊——龙口美食坊、岚田民间雕塑坊、准利地毯植物染色手工地毯非遗工坊；有 2 个市级非遗特色村镇（街区）——准格尔旗布尔陶亥漫瀚调原乡非遗特色小镇、准格尔旗纳林村（传统手工地毯）；有 3 个旗级非遗工坊——准格尔旗非物质文化遗产剪纸传承基地、荣伯画廊工艺美术工坊、吉格锦尚民族服饰工作坊；有 8 个旗级非遗传承教育基地——奇附林漫瀚调艺术传习基地、准格尔旗职业高级中学（漫瀚调）、沙圪堵第一小学（漫瀚调）、薛家湾第九小学（传统舞龙舞狮）、薛家湾第八小学（陶泥塑）、准格尔旗第二中学（威风锣鼓）、龙口幼儿园（捏面人）、准格尔召幼儿园（传统手工艺编织）。

第二节　国家级非物质文化遗产项目

国家级非物质文化遗产项目共有1项，传统音乐——漫瀚调。

·漫瀚调

漫瀚调发源于准格尔地已逾百年，是准格尔蒙汉各族人民在交流交往交融中所产生的音乐艺术结晶。

准格尔处于蒙晋陕交界，三地人民历来便有商贸往来。清末，朝廷实行"移民实边，开放蒙荒"政策，准许大批的汉民流入蒙地。汉民的移入不仅促进了当地农业经济的发展，同时也增进了蒙汉民族之间的文化交流。漫瀚调，以鄂尔多斯蒙古族民间传统短调民歌为"母曲"，且极为巧妙地吸收和融合了陕北、晋西北民歌的一些旋法、润腔，并选配"爬山调""信天游"等汉族歌词，再其后又有了蒙汉语混搭的"风搅雪"歌词，早期表演形式多为对唱。通常用扬琴、枚、四胡、三弦伴奏。漫瀚调歌词讲究比兴手法，上下句押韵。漫瀚调艺术的特点：一是一曲多词，一词多曲，即兴编词；二是"风搅雪"；三是八度大跳旋律；四是男女同腔同调。

1996年，准格尔旗被命名为"中国民间艺术（漫瀚调）之乡"。2017年6月被列入自治区级第一批非物质文化遗产代表性项目名录。2008年6月，被国务院列入国家级第二批非物质遗产代表性项目名录。

图 4-1　准格尔旗被命名为"中国民间艺术之乡"（"漫瀚调"艺术）

图 4-2 准格尔旗被命名为"'漫瀚调'艺术之乡"

图 4-3 漫瀚调被列入国家级非物质文化遗产名录

图 4-4 漫瀚调民间演唱活动

图 4-5　漫瀚调专家张玉林

图 4-6　漫瀚调歌王奇附林

图 4-7 内蒙古电视台《西口风》栏目漫瀚调展演

图 4-8 漫瀚调入户普查

图 4-9　漫瀚调乐队在传习所活动

图 4-10　漫瀚调展示交流活动

图 4-11　漫瀚调即兴编词擂台赛

图 4-12　鄂尔多斯市非遗传承技艺展演

图 4-13　培训结业汇演

第三节　自治区级非物质文化遗产项目

内蒙古自治区级非物质文化遗产项目共有 8 项，分别为：

民族习俗——油松王祭祀、准格尔召经会、灯游会、准格尔骡驮轿婚俗；

民间文学——准格尔民间传说故事；

传统音乐——准格尔旗蒙古族民歌；

传统技艺——准格尔植物染色技艺、准格尔粗瓷传统制作技艺。

一 民族习俗

·油松王祭祀

油松王位于准格尔旗纳日松镇境内（图4-14），1976年，经调查钻取年轮样本，确定该树为宋熙宁二年（1069年）天然松子落地生成，认定这是中国树龄最长的"油松王"，1996年被列为自治区级重点文物保护单位。

油松王，千年间苍翠挺拔于干旱少雨、土地贫瘠、植被稀少的荒山之上，早已被当地民众奉为"神树"，由是四时供奉，常年经声不断，香火鼎盛。农历每月初一、十五祭祀活动较为隆重。

油松王祭祀（图4-15、4-16、4-17），于2009年6月被列入第二批自治区级非物质文化遗产项目名录。

图4-14 千年油松王

图 4-15　油松王祭祀活动

图 4-16　油松王祭祀活动

图 4-17　油松王祭祀活动

- **准格尔召经会**

准格尔召，建成于明代天启三年（1623年），藏名为"甘丹夏珠达尔杰林寺"，蒙名为"额尔德尼·宝利图苏莫"，明廷赐名"秘宝寺"，清廷命名"宝堂寺"，因坐落于准格尔旗西部，故称"西召"，2013年被国务院公布为全国第七批重点文物保护单位。

十六世纪中叶，喇嘛教传入鄂尔多斯。准格尔召，从建成到现在较完整地保留了喇嘛教的经会宗教文化活动。以往，准格尔召一年之内念大经60—80次，小经天天都念。准格尔召最大的经会为每年两次，即农历四月十三的玛尼会和七月初七的雅尼会。雅尼会上喇嘛要跳查玛舞，俗称"跳鬼"。

准格尔召经会，于2009年6月被列入第二批自治区级非物质文化遗产项目名录。

图 4-18　准格尔召经会（查玛舞）

图 4-19　准格尔召经会（查玛舞）

图 4-20　准格尔召经会

图 4-21 准格尔召经会

图 4-22 准格尔召经会

图4-23 准格尔召经会

- **灯游会**

"灯游会"是由360盏灯组成的游艺阵营。据传是由赵公明所设的"九曲黄河阵"演化而来。

"灯游会"用360根木桩栽成横竖各19排的方阵,再用绳索分隔成9个不断头的"万"字形成九宫八卦的迷宫,寓意华夏九州——冀州、兖州、青州、徐州、扬州、荆州、豫州、梁州、雍州。在最中央则是一根高高的盘龙大柱,俗称"老杆",老杆顶置一大灯,照耀四方。转灯游会还有"抱老杆"和"偷灯灯"的习俗。

"灯游会"于2007年6月被列入第二批自治区级非物质文化遗产项目名录。

图 4-24　灯游会活动

图 4-25　灯游会活动

图 4-26　灯游会活动

图 4-27　灯游会活动

图 4-28　灯游会龙门阵

- **准格尔骡驮轿婚俗**

骡驮轿，是用两匹性情温顺、耐力持久的骡子一前一后驮架的花轿，是山区民间传统的一种迎娶工具。准格尔旗属黄土高原丘陵山区，沟壑纵横，交通十分不便，在黄河沿岸、长城沿线的农村，道路更是崎岖难行，"骡驮轿"娶亲方式便应运而生了。它既体现了农村山区娶亲的民间风尚，又承载了黄河文化的民俗风情。

准格尔骡驮轿婚俗，于2009年6月被列入第二批自治区级非物质文化遗产项目名录。

图 4-29　骡驮轿婚俗

图 4-30　骡驮轿婚俗

图 4-31　骡驮轿婚俗

图 4-32　骡驮轿婚俗

二　民间文学

·准格尔民间传说故事

民间传说故事，是劳动人民创作并传播、具有虚构内容的散文形式的口头文学作品。在准格尔旗，人们常把讲故事说成是"叨古经"。叨古经，内容十分广阔，有神话、有传奇、有故事、有寓言，人们非常爱听。

准格尔民间传说故事，于2009年6月被列入第二批自治区级非物质文化遗产项目名录。

图4-33　搜集整理民间传说故事

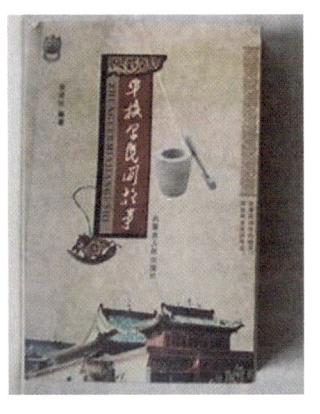

图 4-34 出版的文学作品

三 传统音乐

· 准格尔旗蒙古族民歌

准格尔蒙古族民歌主要是歌颂生活、歌颂家乡、歌颂自然、歌颂爱情、歌颂英雄人物等。乐器以四胡、笛子、马头琴等为主。后来加入了扬琴、三弦。准格尔蒙古族民歌语言朴实、语速缓慢、节奏单一、音程跳度大，且较好地保

41

留了鄂尔多斯民歌的古老演唱法。在乐队演奏上，小过门儿较多、速度缓慢、技巧偏少。乐器及音乐的因素和风格逐渐有了二人台的特点，演奏准格尔蒙古族民歌普遍降低大二度。

准格尔蒙古族民歌，于 2018 年 4 月被列入第六批自治区级非物质文化遗产项目名录。

图 4-35　搜集整理民歌

图 4-36　入户交流，传唱民歌

图 4-37　交流演出

图 4-38　准格尔蒙古族民歌集出版物

四　传统技艺

·准格尔地毯植物染色技艺

准格尔旗是鄂尔多斯以及内蒙古西部的地毯之乡。地毯纺织有史料记载，最早出现于清朝，鼎盛于二十世纪八九十年代。准格尔地毯利用植物染色方法

a.

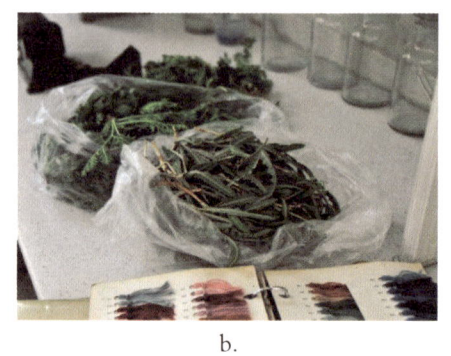

b.

c.

d.

图 4-39　地毯植物染色原料与配方

染织，是中国传统的织物染色方法。本项技艺是利用植物的天然色素作为染料，通过高温沸水完全溶解植物染料后，将羊毛线放置其中充分蒸煮直至上色。其特点是纯天然染料、纯手工染色，鲜亮的色泽，恒久的色牢度，不会对人体造成伤害。

准格尔地毯植物染色技艺，于 2009 年 6 月被列入第二批自治区级非物质文化遗产项目名录。

· 准格尔粗瓷传统制作技艺

准格尔粗瓷传统制作技艺，其制作过程不使用任何化学手段，全靠代代相传的实践经验。人工将原料泥用碌碡碾压成碎泥、过筛、用水洇湿、搅拌、脚踩、手揉等方式将泥调和 3 遍，待泥软硬适中再搅轮。在皮带传动的过程中瓷器盘旋转，人工将成泥置于瓷盘上，将陶工泥制成一定的形状，取下，放置于外面的平地上，上釉（釉是用筛出来的细土和水搅拌而成），打座钉，风吹干后再装窑，装窑后用火烧 3 天（小火 1 天，大火 2 天）。火烧后，冷却 7 天，再将瓷器人工取出。

准格尔粗瓷传统制作技艺，于 2015 年 12 月被列入第五批自治区级非物质文化遗产项目名录。

a. b.

c. d.

e. f.

图 4-40 准格尔粗瓷传统制作技艺

第四节　市级非物质文化遗产项目

市级非物质文化遗产项目共4项，分别是：

民族习俗——准格尔传统饮食——"六六八八"；

传统技艺——准格尔蒙古族服饰、碗饦制作技艺；

传统体育——准格尔民间游艺。

一　民族习俗

·准格尔传统饮食——"六六八八"

"六六八八"，是分别为六个炒碟、六个蒸碗和八个炒碟、八个蒸碗的菜品搭配，所选食材均出产于当地，有蒸有炒，有焖有炸，荤素配伍，鲜香味美，油而不腻，营养实惠，色香味形俱佳。"六六八八"菜品八碟（或六碟）通常为：豆腐丸子、过油肉、小炒、过桥肉、酥鸡、焖肉、芙蓉肉、樱桃肉；八碗（或六碗）通常为：肉丸子、红条肉、清蒸羊肉、猪肉勾鸡、炖牛肉、汤、糖山药、醋熘白。凉菜为拼盘（也称压席盘、围碗盘），通常为四肉（炸猪排骨、压肉、皮冻等）四菜或者三肉三菜，其中绿豆芽为主体，炸猪排骨为主角。腰点一般有稍美、糖墩墩（糖饼饼）等。

准格尔传统农家席——"六六八八"，于2013年5月被列入第三批鄂尔多斯市级非物质文化遗产项目名录。

a.

b.

c.

d.

e.

图 4-41 "六六八八" 菜品

48

图 4-42 "六六八八"菜品

二 传统技艺

·准格尔蒙古族服饰

准格尔蒙古族服饰有自己的历史特点，既有满族宫廷服饰的气象，又有清宫绣衣的款式，颜色多为红、粉、绿、天蓝等，绣花多为花草虫鱼和传统纹饰的结合。袖子向上卷起，里面放手帕。头饰由两件套（发箍和连垂）组成，"多用珊瑚少用银"。

准格尔蒙古族服饰于 2010 年 6 月被列入第二批鄂尔多斯市级非物质文化遗产项目名录。

a.  b.

c.  d.

图 4-43 准格尔蒙古族服饰

a.

b.

c.

d.

图 4-44 准格尔蒙古族服饰

图 4-45　准格尔蒙古族服饰帽子款式

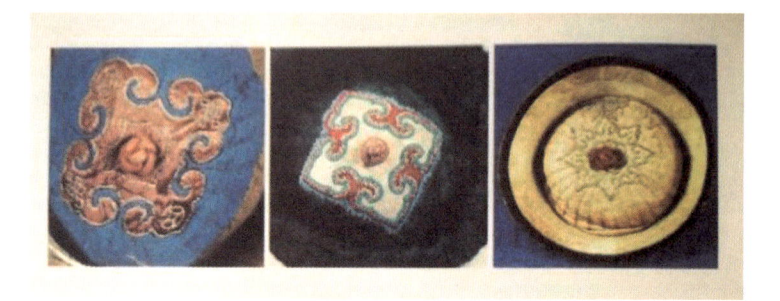

图 4-46　准格尔蒙古族帽顶纹样

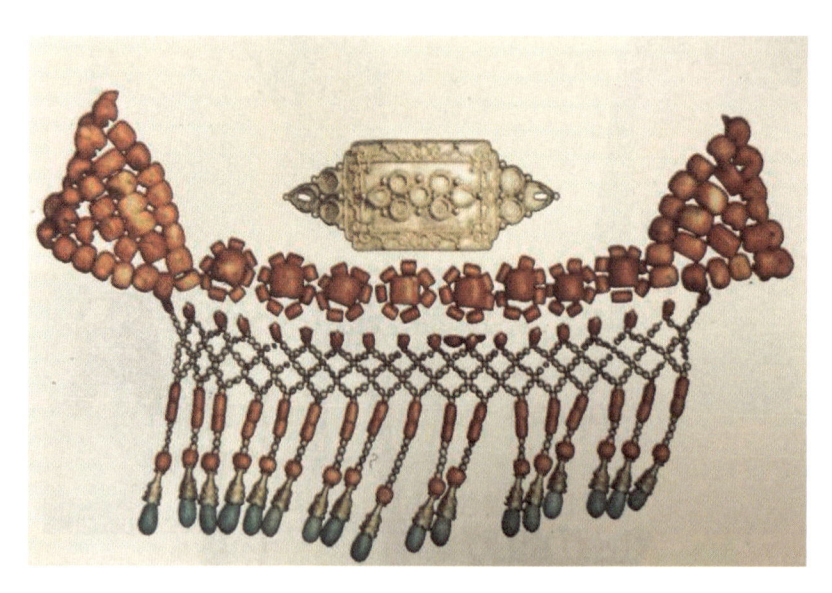

图 4-47　准格尔蒙古族头饰后屏

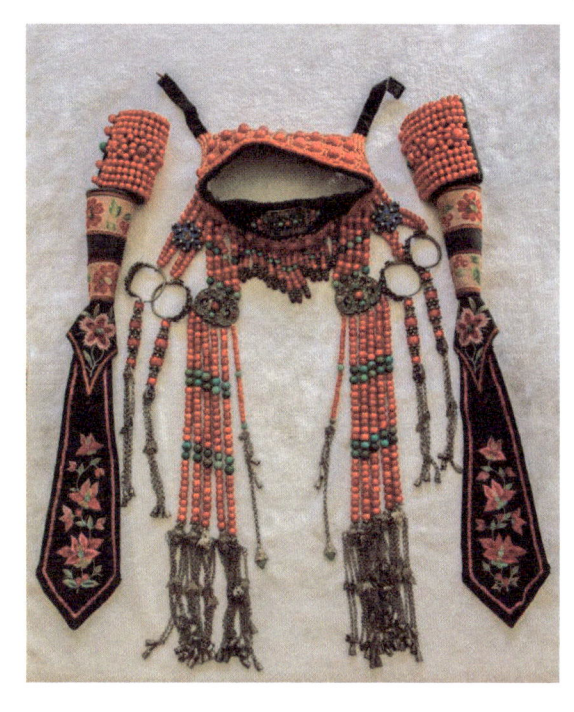

图 4-48 准格尔蒙古族头饰"罗勒嘎"

图 4-49 准格尔蒙古族服饰"坎肩"

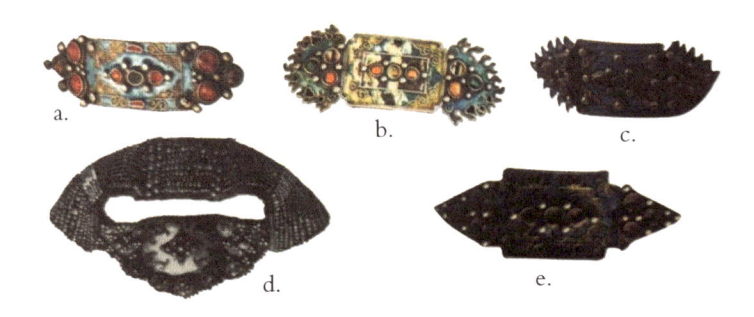

图 4-50　准格尔蒙古族头饰各种塔勒的特写

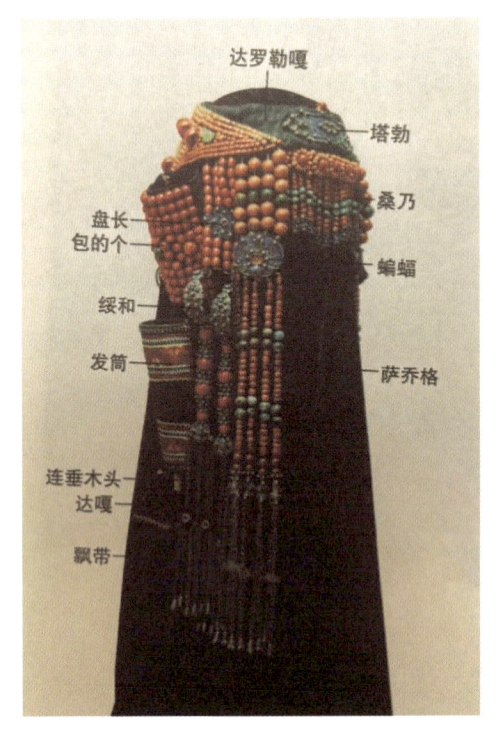

图 4-51　准格尔蒙古族头饰部件详解　　图 4-52　准格尔蒙古族鞋靴

• 碗饦制作技艺

荞麦去皮后，就是又坚又硬的白仁子，俗称"荞麦糁子"，它是荞麦的精华，是做碗饦的主料。做碗饦前，要先用清水把糁子浸泡约两个小时，使其软化，用手搓捻至呈粉状。然后用擀面杖在案板上擀碎，加水来回搓擦过箩，再擀碎再过箩，最后将箩下或挤出的稀面糊分别舀入碗中，放于笼屉蒸一会儿、用筷子搅一次，以防沉淀，上软下硬，蒸熟后晾凉便成了碗饦。吃时，用小刀将碗饦划成菱形块，浇上醋蒜芝麻盐汤，再加点辣油、香菜，红绿白相间，色、味、形俱佳。

碗饦制作技艺，于 2013 年 5 月被列入第三批鄂尔多斯市级非物质文化遗产项目名录。

图 4-53　驴肉碗饦

图 4-54　碗饦制作　　　　　图 4-55　荞麦糁子

图 4-56　准备蒸制碗饦

图 4-57　蒸制碗饦

三　传统体育

· 准格尔民间游艺

民间游艺，顾名思义，就是娱乐、游玩，包括各种游戏、杂技、歌舞和体育竞技活动等内容。其中既有节令性游乐活动，也有充满竞技色彩的对抗性活动，更多的则是不受时间、地点、条件制约的随意方便的自娱自乐活动。例如：灌驴尿、下四方、围老虎、点羊粪珠珠、扯皮裤、捻转转、打水漂、放飞轮、石鸡蹓蛋等。

准格尔民间游艺，于 2013 年 5 月被列入第三批鄂尔多斯市级非物质文化遗产项目名录。

图 4-58　跳方格

图 4-59　滚铁环

图 4-60　翻花绳（翻槽槽）

57

图 4-61　打陀螺（打毛猴儿）

（1）灌驴尿

灌驴尿的活动与逼茅子相比，程度就难了些。甲乙二人坐定后，于二人中间画如图 4-62：

甲乙双方分别选择与对手不同的 3 颗子，放到自己坐定一边的每个方框或三角处。竞赛开始后，甲方走一步，乙方接走一步。这样一轮一轮地走下去，如果一方的 3 子把另一方的 3 子全部逼到画有圆圈的位置（也即被灌到驴尿上），无路可走，那么，另一方算输。

灌驴尿这一活动虽不算复杂，但比赛开始后，就不能像逼茅子那样只图快而不动脑。稍有不慎，走错一步，就会满盘皆输。

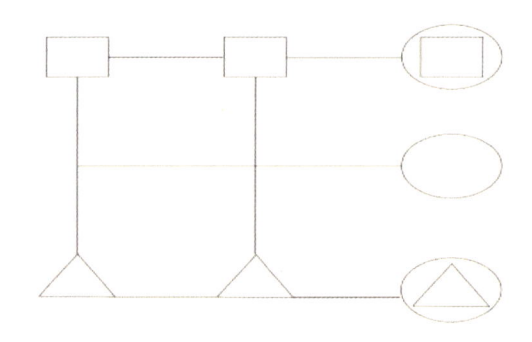

图 4-62　灌驴尿棋盘

（2）下四方

"下四方"又叫"下方"。"四方"棋盘如下图：

甲乙双方坐定后，画好"四方"，分别执与对方不同的12颗子，一递一子地往十字交叉处放子。它的玩法近似于围棋，一经摆好某种阵势，胜局基本就可确定。放子时，想方设法使自己的子形成"方"阵，即每个方格的四子角全部是自己的子；或形成"杠"，即一条线段上全部是自己的子。与此同时，放子时也要阻止对方摆成"方"或形成"杠"。当各自的子全部摆完后，如果没有形成"方"或"杠"的，每有一项，就可吃掉对方一子。之后，双方一递一步地向空位处走子。如果在放完全部子后，无任何一方形成"方"或"杠"，"四方"有25个放子位置，

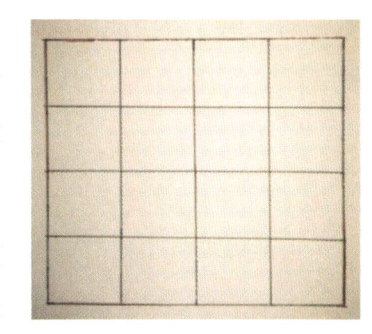

图 4-63　四方棋盘

而双方子的总数为24个，那么，先走的一方就可选择一子移动到空位上。双方一递一步走下去，直到形成"方"或"杠"，尽多地吃掉对方的子，使对方彻底失掉作战能力并认输。

下"六方"与下"四方"的规则完全一样，只不过是下"六方"比下"四方"更复杂些，每人执子24颗。

（3）围老虎

围老虎是一项极有吸引力的竞赛游戏。老虎方将虎放入正中央画有方格的位置，接着，执子方将用来围老虎的24子中的8子分别放到画有圆圈的位置，对老虎形成包围之势。老虎先走，规则是它前进的任何线路上如果没有子阻拦，就可以向前走一步。如果它前进的任何一条道路上，紧挨它所占的位置前面只有一子，它便可跃过去进入下一位置，同时将跃过位置上的子吃掉。如果前进的路上连续两个位置有子，那么这条路就算被堵死，再谋其他道路。老虎无论在正方形或两端菱形的任何部位，尽量造成前进路上紧挨一子的部位，从而跃

过去吃掉子。比如开头的第一步，走任何一条线路，都可尝到第一口美餐。老虎每走一步，执子方可以放一子，堵截老虎的通道。当24子全部放完后，老虎每走一步，他也挪动子走一步。当老虎所在的位置上任何一条线路都紧挨着两个子，老虎就算被围住，执子方从而成为打虎英雄。当老虎在吃掉多个子之后，执子方不能形成围堵老虎的态势，就可认输了。

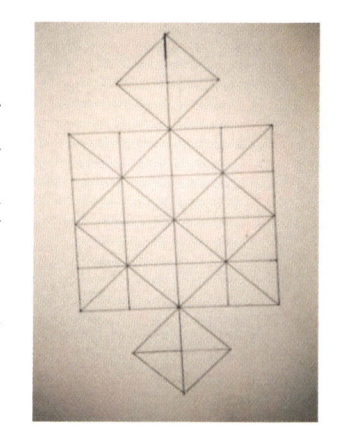

图 4-64　围老虎棋盘

（4）点羊粪珠珠

点羊粪珠珠（也可用杏核、桃核替代），先要选一块较为平坦的地面，然后在地上挖两行平行的钵钵（小土坑），每行5个，距离相等。另在两行之间挖两个大钵钵作为存放珠珠的仓库。

每人选出干羊粪珠珠，每个钵钵放5颗，一人放一排钵钵。然后，通过猜猜猜的形式决定出谁先点，先出可以从任意一个钵钵中取出全部珠珠，按逆时针方向，每一个钵钵点入1颗。点完后，再取下一钵钵中的羊粪珠珠，继续点下去，如果珠珠点完，前面有一个空钵子，就可以赢取靠近空钵子另一头钵子中的全部珠珠，如果连续隔一空一，可连续赢，把赢的放入大钵子。然后，另一个接着再点下去，赢法同前。如果珠珠点完，前面遇到2个或以上的空钵子，就再轮另一方开始点，两人直到点完才为一局。然后，比大钵钵里谁多就谁赢。

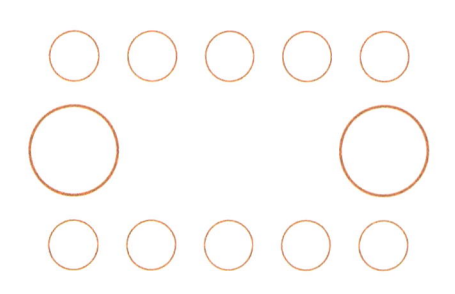

图 4-65　点羊粪珠珠

点羊粪珠珠也是一种智力游戏，要周密地考虑哪个钵子里有几颗珠珠，点完后，能否接着再点，或是能否碰上一个空钵子，从而赢取下一钵子中的全部珠珠。

第五节　旗级非物质文化遗产项目

旗级非物质文化遗产项目共 14 项，分别是：

民族习俗——准格尔传统寿诞礼俗、准格尔传统丧葬礼俗、准格尔蒙古族婚礼、喇嘛教史话；

民间文学——准格尔方言、准格尔谚语；

传统技艺——准格尔地毯砍制技艺、准格尔民间刺绣、准格尔民间雕塑、准格尔民间传统面塑、准格尔民间工艺、酸粥制作技艺、石窑营造技艺；

传统美术——准格尔民间剪纸。

一　民族习俗

·准格尔传统寿诞礼俗

当地从 60 岁开始举行祝寿活动，逢五过小寿，逢十过大寿，"十"意味着"满"。为讨吉祥，人们就提前一年庆寿，如在 79 周岁时为老人举办"八十大寿"。

庆祝寿辰，一般由子女或亲戚朋友出面主办。应提前发请帖或者口头邀请亲朋好友。寿礼范围很广，但最常见的有寿糕、寿桃、寿面、寿蜡、寿联、寿幛等。

主办庆寿，要预先设立"寿堂"。寿堂正中用金纸或黄绸剪一个大大的"寿"字，张贴于红背景上；或于中堂挂一幅书法家书写的"百寿图"，两旁张挂寿联。前置香案，上置香炉、寿蜡。最隆重者要邀请社会政要，远近亲戚，邻居朋友，尤其是八十大寿，不仅酒席不断，而且要连唱 3 天大戏。前来祝寿者，必携礼物，珍珠玛瑙、字画古玩、鲜果寿桃（一般白面蒸制成桃状，染以食色；如果季节当时，赶上鲜桃上市，用鲜桃做贺礼更好）上敬叩首，口祝"福如东海、寿比南山"等吉庆语。后辈儿孙都按辈排序叩礼祝贺，席面很是丰盛。有些人家，寿诞简办，亲人团聚，儿子、儿媳和女儿、女婿依次给"老寿星"

长揖叩头，祝愿长寿福禄。

准格尔传统寿诞礼俗，于2012年5月被列入第二批准格尔旗级非物质文化遗产项目名录。

图4-66 准格尔传统寿诞礼俗

图4-67 "三女拜寿"面塑　　图4-68 准格尔传统寿诞礼俗

· 准格尔传统丧葬礼俗

明、清之际,蒙古族葬礼,一般不设灵堂,不摆祭供品,不烧纸,不用鼓乐,不与亲友讣闻,必请喇嘛诵经超度亡灵。初终,为逝者更衣,僧侣服紫色,俗人多蓝色。家人着素服,低声饮泣,哀痛戚戚,见人不寒暄。葬式有野葬、火葬、土葬三种。清末民国以来,多采用土葬。人逝,家人给逝者更换蒙古袍、靴、帽或以白布裹尸,连同逝者生前所用衣物纳入棺木。棺式分竖、卧两种,竖式如独人之轿,卧式如长条木箱。同时,请喇嘛诵经,择日掘土安葬。墓地燃发旺火,棺入墓穴后,积丘土为志。葬后,屋内焚煨柏叶、牛马粪烟熏住所,意在驱邪避祟。子女在一月内不剃发、不饮酒、不娱乐、不婚嫁以示哀悼。

汉族丧仪,不同于蒙古族。始丧,更换"老衣",男着袍服,忌黑色和毛织物,多为蓝色。并给逝者口内含银少许,谓之"口含钱"。袖内充圆饼若干,称阴间开道的"打狗饼"。头侧点"照尸灯"(随身灯),供设"倒头捞饭"(倒头馍馍)。同时,用白纸书写逝者姓氏名讳和生卒年月,贴于户外,作讣告。并且,按逝者享年岁数,以若干张白纸剪成条状纸幡,下系黑炭,悬于宅旁,标志逝者亡灵停留之所。孝子女皆披麻戴孝,磕头讣告亲友。请人主(即舅父或姑表兄弟)到后,入殓装棺,制作灵牌,上写逝者名讳。灵柩移入灵堂后,灵前放"交子盆",每日3次泣拜烧纸,泼散供品。由纸钉打好的纸钱在交子盆内焚化,3天后将纸灰用纸包好,揣入逝者怀中,意为给其准备的上路盘缠。出殡前一日,开吊祭奠。至亲穿孝衣,摆设供品,焚烧纸钱,前来吊孝。届时,鼓乐吹奏、哀乐不绝,各吊孝者叩头,烧纸,奠酒。孝子孝孙依序跪地陪悼。子妇、女儿在灵前泼散供品,并收折祭品。夜晚,孝子捧灵牌,拄丧杖,路插小旗幡,遗路灯,到附近小庙敬供,是谓"叫夜"。通宵一夜,鼓乐吹奏,名为"聒灵"。次日,出殡安葬。先有孝子孝孙嚎啕大哭,叩头烧纸,泼散供品。然后,起棺。孝子摔碎交子盆后,孝长孙扛幡先导,孝子白布牵动棺木,由8人扛抬灵柩至墓地。墓穴中,先安放装黄酒米粥的"发财罐"和装有供品食物的"阴饭罐"(遗饭罐)。阴阳先生念咒语,下镇物,与棺木同时掩埋。上堆土丘,插引魂幡,并焚化纸钱及纸扎。安葬三日后,为"复三",把祭祀食品拾到墓地供设，再次焚化纸钱，并安放墓门石如"门"字形。葬后，孝子孝孙百日内不剃发，年内不娶聘，穿戴孝服，以示哀悼。逢清明、中元、十月初一、冬至、过年，上坟祭奠。

葬后，第一年过春节时贴黄色对联，第二年贴蓝色或绿色对联，第三年如常。

准格尔传统丧葬礼俗，于2012年5月被列入第二批准格尔旗级非物质文化遗产项目名录。

图 4-69　准格尔传统丧葬礼俗（聒灵）

图 4-70　准格尔传统丧葬礼俗（灵堂）

图 4-71　准格尔传统丧葬礼俗（贡品）

图 4-72　准格尔传统丧葬礼俗（迎祭）

· 准格尔蒙古族婚礼

准格尔蒙古族婚礼的仪式主要包括 3 大部分：定亲、婚礼、回门。通过点将宴（确定婚礼帮办人选）、佩弓娶亲、拦门迎婿、献羊祝酒、求名问庚、叩拜出嫁（新娘上轿）、迎亲赛马（送亲抢帽）、圣火洗礼、梳头祭灶、屈膝敬酒、跪拜公婆、送亲告别等 12 个过程完成婚礼仪式，用时三天。

准格尔蒙古族婚礼以娶亲为主线，以准格尔短调民歌本土音乐为主旋律，体现了准格尔蒙古族文化习俗的精华。婚礼中歌乐不停，礼仪不断，气氛热烈喜庆。准格尔蒙古族别致的头戴、链锤、蓝头巾、长袍，浓郁的乡音方言，浓墨重彩般绘制成一幅准格尔民俗风情画卷。

准格尔蒙古族婚礼，于 2023 年 9 月被列入第三批准格尔旗级非物质文化遗产项目名录。

图 4-73 新娘穿扮

图 4-74 新郎家娶亲出发时祭苏力德

图 4-75 新娘家嫂子用毡子拦住新郎及伴郎，伴郎与嫂子对词

图 4-76 新娘家嫂子让新郎掰羊脖子，考验新郎的智慧与力量

图 4-77 新娘上马去往新郎家

图4-78　新郎家迎亲

· 喇嘛教史话

十六世纪末，藏传佛教中的宗喀巴创造的格鲁派宗教传入鄂尔多斯。为表示独特，服黄衣，戴黄帽，故称黄衣喇嘛教。其教崇奉释迦牟尼、宗喀巴等佛，以《甘珠尔经》和《丹珠尔经》为教义，主张"不杀生""不打诳语"等宗教信条。建国后，党和政府贯彻落实宗教信仰自由和保护召庙的政策，有步骤地进行宗教改革和爱国主义教育。

准格尔喇嘛教史话，于2009年12月被列入第一批准格尔旗级非物质文化遗产项目名录。

图4-79　教传仪式

二 民间文学

·准格尔方言

准格尔旗语言,是以北方方言晋语系为基本特征的方言,音韵、声调、遣词造句的规律大体趋向于普通话。变异之处,反映出准格尔方言的特殊表现形式。

准格尔旗方言区,指沙圪堵、纳林、海子塔、西黑岱、东孔兑、布尔洞沟、西营子、大路峁,准格尔召、四道柳、铧尖等广大地区。东西约100千米,南北70余千米,不同地域还存在次方言区。如北部三乡讲河套川话。东部沿河讲偏关话。南部马栅、长滩讲河曲话。川掌、羊市塔、五字湾、铧尖等西部区域则偏重府谷、神木口音。

准格尔方言,于2009年12月被列入第一批准格尔旗级非物质文化遗产项目名录。

a.

b.

c.

d.

图 4-80 方言搜集

图 4-81　方言作品

- 准格尔谚语

谚语是广泛流传于民间的、口语形式的言简意赅、通俗易懂的短句或韵语。多数反映了劳动人民的生活实践经验。谚语内容包括极广，大体有以下几种：气象、农业、卫生、社会、学习等。准格尔谚语，又具有鲜明的地方风格与特色。

农事谚语，如——

清明前后，栽瓜种豆；

事理谚语，如——

种瓜得瓜，种豆得豆；

一顿省一把，三年买匹马；

老要癫狂，少要稳重；

老实常在，托空常败；

话不可说死，事不可做绝；

人勤肚饱，人懒饿倒；

人活眉脸树活皮，墙崖（nai）全靠圪渣泥；

早起三日顶一工，早起三年顶一冬。

图 4-82　《准格尔俗语谚语》

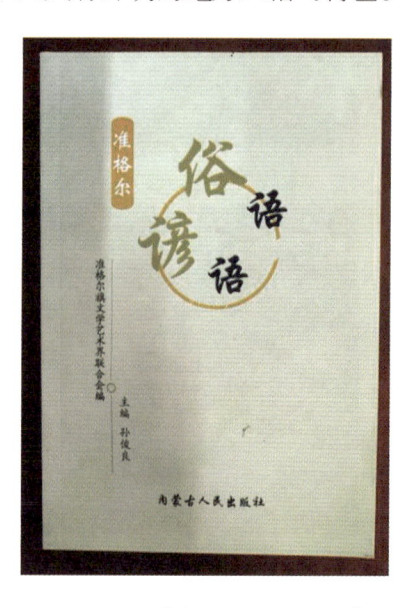

生活常识谚语，如——

饭后百步走，活到九十九。

励志谚语，如——

有志不在年高，无志枉活百岁。

人过留名，雁过留声。

准格尔谚语，于 2009 年 12 月被列入第一批准格尔旗级非物质文化遗产项目名录。

三　传统技艺

·准格尔地毯砍制技艺

手工地毯起源于清同治年间，在 20 世纪 50 年代传入准格尔旗。准格尔旗手工地毯采用 100% 高原优质羊毛砍制而成，具有品质高、图案内容丰富、立体感强的特点，有较高的使用价值和收藏价值。传统编织过程：经线固定、确定尺寸、制图、打结编织；打结后过纬线、倒压、修剪；半成品整修；后工序处理（平、片、洗、勾、染、倒）；成品整修（合格产品）。

准格尔地毯，曾获中国工艺美术品百花奖金奖。准格尔传统手工地毯砍制技艺，于 2023 年 9 月被列入第三批准格尔旗级非物质文化遗产项目名录。

图 4-83　中国工艺美术品金奖奖杯

a.

b.

c.

d.

图 4-84 准格尔传统手工地毯制作技艺

图 4-85　准格尔传统手工地毯

· 准格尔民间刺绣

明代以来，随着晋、陕、冀汉人的大量迁入，他们带来了种子、工具，同时也带来了当地民间文化，其中之一就是女红刺绣艺术。蒙汉民族的刺绣互相学习，相互渗透，逐渐形成了当地别具特色的刺绣艺术。刺绣，俗称"绣花儿""女红"，即用各色毛线、棉线、丝线在皮、毡、绸、布等面料上绣花。妇女们一般在衣服的领边、袖口边、襟边和蒙古袍的边布、帽子、耳套、鞋、鞋垫、裰爪爪、裹肚肚、针扎扎、烟袋、枕头顶及门帘、马鞍垫等，经常用到刺绣艺术。图案有花鸟鱼虫、龙凤呈祥、福禄喜寿、云龙花纹及各种几何图纹。刺绣作品以红绿、紫黄等对比强烈、喜庆红火的色彩居多。

准格尔民间刺绣，于2009年12月被列入第一批准格尔旗级非物质文化遗产项目名录。

图 4-86　准格尔民间刺绣作品（香包）

图 4-87　准格尔民间刺绣作品

图 4-88　准格尔民间刺绣作品（动物）

图 4-89 准格尔民间刺绣作品（人物）

· 准格尔民间雕塑

准格尔民间雕塑是研究当时历史、文化和社会生活的宝贵文物。雕塑是造型艺术的一种，以各种可塑的、硬质的材料，如粘土、金属、玉石、木、砖等，用雕、刻、塑等多种方法制成的艺术品。一般分浮雕和圆雕与透雕等，品种很多。准格尔的雕塑有：玉雕、石雕、砖雕、骨雕、木雕、铜塑、陶塑、泥塑、面塑等。

旗内雕塑多见于名胜古迹建筑和民间家具上。如寺庙内的神佛塑像，殿堂的雕梁画栋，门窗装饰、瓦当滴水的浮雕及陶瓷、木、铁家具的纹饰。

准格尔民间雕塑，2009 年 12 月被列入第一批准格尔旗级非物质文化遗产项目名录。

图 4-90　准格尔民间浮雕

图 4-91　准格尔民间砖雕　　　　　图 4-92　准格尔民间石雕

图 4-93 准格尔民间砖雕

图 4-94 准格尔民间玉雕

图 4-95 准格尔民间人物雕塑

图 4-96 准格尔民间雕塑摆件

图4-97 准格尔民间石雕　　　　图4-98 准格尔民间蛋雕

·准格尔民间传统面塑

在准格尔旗民间还有一种面食艺术——面塑。不同时节蒸制不同的白面食品，如面人、面兽、面锁儿、寿桃、枣山、花糕，等等。

每年农历七月十五，家家户户都要捏制面人、面兽，蒸熟后互相赠送。寒食节，蒸制的"寒燕儿"是清明节前给孩子们备的干粮，孩子们把寒燕儿一只一只串起来，挂在脖子上可以一边吃一边玩。给老人过寿则要蒸制"寿桃"，给神佛敬供也用"寿桃"。小孩子过生日时要蒸面锁儿。旧时，孩子从过第一个生日开始，姥姥或奶奶或母亲每年都要给蒸面锁儿，一直到孩子十二岁"圆锁"为止。在准格尔民间，老人过世后，孝子或至亲们还要给逝者制办面塑祭品。

准格尔民间传统面塑，于2012年5月被列入第二批准格尔旗级非物质文化遗产项目名录。

图 4-99 准格尔民间婚庆主题面塑

图 4-100 准格尔民间婚庆主题面塑

图 4-101 准格尔民间传统动物造型面塑

图 4-102　准格尔民间传统面塑

图 4-103　准格尔民间传统人物造型面塑　　图 4-104　准格尔民间传统植物造型面塑

· **准格尔民间工艺**

民间工艺是大众生活的民俗艺术,是经济和文化的双重载体,准格尔民间工艺传承时间久远,是我旗人民智慧的结晶。

准格尔的民间工艺有:雕塑、铸造、编织、蛋雕、陶瓷、布艺、刺绣、文房四宝、书画、装饰品、漆器、壁画、剪刻、描绘等。如蒙古族服饰、器皿、鼻烟壶、烟荷包、眼镜盒、马鞍、地毯、灯笼等用品,都是工艺精细、图案优美、实用价值极高的工艺品。

准格尔民间工艺,于2009年12月被列入第一批准格尔旗级非物质文化遗产项目名录。

a.

c.

b.

d.

e.

图 4-105 准格尔民间工艺

81

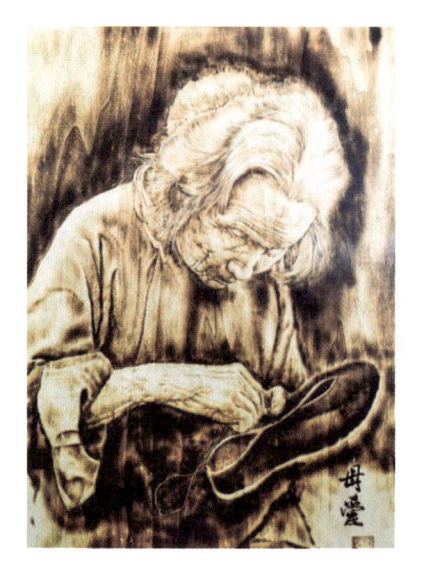

图4-106　准格尔民间工艺烙画作品《母爱》

图4-107　准格尔民间工艺烙画作品

·酸粥制作技艺

　　酸粥（酸饭）是流行于蒙西北、晋北、陕北的一种民间传统主食。准格尔人对酸粥也情有独钟，几乎家家户户都有一个浆米罐子，过去个别人家甚至习惯于"一日三酸"，即早上酸粥、中午酸捞饭、晚上酸稀粥。

　　浆米罐子里面盛有已发酵而具有粘性的酸浆，常常置于锅台或热炕头用以发酵糜米。待锅里的水开了，浆好的酸米就可下锅了。然后把原来的浆汤倒回罐里，再把锅里撇出的新米汤晾凉添加一部分。下一顿再吃，则提前把糜米续浆进去，如此往复常吃。如果几天不吃，或者不续新米、新汤，味道就不好了。做酸粥的时候一定要掌握好火候，常言道："紧火捞饭慢火粥"，要适时撇米汤、勤搅动，粥熟了再在锅里少置一两分钟。出锅了可直接食用，也可根据自己的口味喜好配上腌制的小菜与辅料。

准格尔酸粥制作技艺，于2023年9月被列入第三批准格尔旗级非物质文化遗产项目名录。

a.

b.

c.

d.

图4-108　准格尔酸粥制作技艺

· **石窑营造技艺**

窑洞是中国西北黄土高原上汉民的古老居住形式。窑洞从结构和材料上可分为土窑、石窑、砖窑、结口窑等基本类型。在准格尔旗东南部农村分布有大量的石窑民居。

石窑，就是用石料、砂灰垒砌的拱形窑洞。以石窑门面而言，又可分为裹泥活窑面、花茬活窑面、硬锤活窑面、出面活窑面，其券造技艺简繁有别。

裹泥活窑面，石块不分大小，一块石头、一锹泥垒砌而成，然后再用大穰泥（土泥中拌和麦秸或草根）抹平窑面。花茬活窑面，是用大小薄厚基本一样的石片斜立80度左右，左一行、右一行对砌而成，一般再不用抹泥，看起来很有规律。硬锤活窑面，要用锤錾把石料开成薄厚基本一样的块石，然后起垒时给缝隙上坐点砂灰（后来有的用水泥、白灰），这种墙面看起来虽不太光平，但比较整齐。出面活窑面，要用锤錾把石料按尺寸凿方凿弧，砌石之间要坐砂灰（后来有的用水泥、白灰），缝隙讲究横平竖直。总之，石窑的窑面要求整体平整，拱券圆缓，合乎规范标准。有的还要在窑顶前沿加穿廊、挑沿（一般用石板或水泥板），顶筑花墙，尤显大方。窑口安装大门亮窗，窑内砌炉台、盘火炕、围炕沿，用白灰粉刷墙面。石窑，就地取材，冬暖夏凉，结实美观。

准格尔石窑营造技艺，于2023年9月被列入第三批准格尔旗级非物质文化遗产项目名录。

图4-109　石窑营造技艺

图 4-110　传统窑洞

图 4-111　传统窑洞地理环境

图 4-112　准格尔旗黄河大峡谷窑洞

四　传统美术

·准格尔民间剪纸

因当地民俗风情和陕西、山西接近，其剪纸风格也相互影响、共生共荣。在很多共同的基础上，差异也十分明显。单在构图和染色方面，给人的感觉十分淡雅清爽，在技法上也显得纤细精致。由于准格尔旗地处"鸡鸣三省"，因此北方剪纸的粗犷和南方剪纸的精巧兼而有之，别有一番韵味。

剪纸是用剪和刀在纸上剪刻镂空的图画，是劳动人民创造的表达自己思想感情和愿望的传统民间工艺品。通常采用阴刻、阳刻、单刻、叠剪相结合的手法，构图简练、线条流畅、造型逼真、稚拙活泼，形成了民间剪纸的独特风格。品类主要有窗花、灯花、顶棚花、边花、角花、团花、炕围子花、门花、中堂花、门帘吊子等，色彩有单色、双色和印染花。

准格尔民间剪纸，于2009年12月被列入第一批准格尔旗级非物质文化遗产项目名录。

图4-113　准格尔民间剪纸作品

图 4-114 准格尔民间剪纸作品（多色）

图 4-115 准格尔民间剪纸作品（奥运）

图 4-116　准格尔民间剪纸作品（人物）　　图 4-117　准格尔民间剪纸作品（民乐）

图 4-118　准格尔民间剪纸作品（人物）

图 4-119 准格尔民间剪纸作品（人物）

图 4-120 准格尔民间剪纸作品（花鸟）

第四章 准格尔旗非物质文化遗产项目传承人名录

第一节 国家级非物质文化遗产项目传承人

一 民间音乐

·漫瀚调项目传承人

1.漫瀚调项目国家级传承人

奇附林

男,蒙古族,1953年出生于准格尔旗大路乡一个民间艺人家庭。他的父母曾是当地小有名气的民间艺人,吹、拉、弹、唱样样通晓。自幼受父母熏陶,他对唱漫瀚调情有独钟。后因家境贫寒,辍学回家务农。白天在田间劳动,夜晚为乡亲们演唱,常随父母在各种婚庆喜宴上演唱漫瀚调。他凭着那洪亮、清脆、憨厚的带有浓郁山野风格及特点别具一格的漫瀚演唱远近闻名。结婚后夫唱妇随,在村里演唱时,夫妻二人即兴编词一问一答,诙谐的词句常常逗得乡亲们捧腹大笑,他那清脆嘹亮的歌声常常使乡亲们通宵达旦也不愿意离去。乡亲们都称赞:"奇附林唱歌就像是'百灵鸟'一样。"

1986年,参加准格尔旗举办的第一届"农牧民歌手大赛",获一等奖。

1987年、1988年，参加准格尔旗举办的两届"农牧民歌手大奖赛"获得冠军。1988年，参加全盟组织的"民歌大赛"，荣获桂冠，同年为电视剧《鄂尔多斯鸿雁》配唱了片头曲。

1989年，奇附林应内蒙古"党的教育"音像社之邀，录制了他的专辑《准格尔山曲》。

1992、1993年，奇附林两次在准格尔旗民歌大赛中获得了一等奖。

1995年，奇附林代表伊盟地区参加了内蒙古西部地区地方民歌大赛，荣获"桂兔圆"杯特别奖。根据奇附林的演唱成绩，自治区文化厅命名他为"百灵歌手"。

1996年，奇附林代表内蒙古参加了晋陕蒙三省区民歌大赛，获二等奖。

1999年，奇附林应邀参加中央电视台第七频道"春满大地"春节联欢晚会，与晋陕的民间歌手联合演出，成了名扬全国的漫瀚调歌手。同年，在中央音乐学院示范演唱漫瀚调《天下黄河九十九道弯》。

2000年，自治区举办了"农牧民歌手电视大奖赛"，奇附林获得了演唱一等奖，同年又获准格尔旗、山西、陕西漫瀚调"生力杯"大赛一等奖。

2002年，参加中国音乐家协会组织的"中国西部十二省区民歌大赛"，获大赛银奖。在准格尔旗举办的第三届漫瀚调艺术节上，奇附林与王凤英演唱的漫瀚调歌伴舞《准格尔定能换新装》获一等奖。同年10月，准格尔旗人民政府命名奇附林、王金娥为漫瀚调杰出歌手。

2003年，参加香港中文大学校庆四十周年活动。

2004年1月，参加中央电视台举办的"清逸·佳雪杯"CCTV西部民歌电视大奖赛，奇附林获漫瀚调最佳歌手奖、优秀民歌手奖。同年，成为中国民间文艺家协会会员、内蒙古民间文艺家协会会员。

2006年5月，准格尔旗人民政府授予奇附林等人为漫瀚调艺术"十大名人"称号。同年，在中央电视台第一频道参加中国民歌盛典。国庆期间在全国政协礼堂为贾庆林等党和国家领导人等演唱。

2007年1月，应邀参加了北京二十一世纪剧院举办的原生态"十大歌王"世界巡回演唱会。同年6月，在人民大会堂被中国文联、中国文学艺术家协会授予"中国民间文化杰出传承人荣誉称号"。同月,被内蒙古自治区民间文艺家协会授予民间文化杰出传承人荣誉称号。同月,在中央电视台与朱军座谈"艺术人生"。同年12月,在由文化部举办的"陕西西安·2007中国原生态民歌大赛"上,奇附林获优秀传承奖。其间,奇附林受到了各大媒体的青睐、好评,中央电视台西部频道《魅力12》栏目、北京电视台、中央电视台音乐频道、中央电视台《艺术人生》栏目、香港凤凰卫视台、内蒙古电视台等电视台、栏目、协会,纷纷邀请其做专题采访、示范演唱。

2008年,在广州参加中华人民共和国第八届少数民族运动会开幕式。同年,被中国音乐学院特邀演讲、演唱漫瀚调。2008年6月,被命名为首批漫瀚调项目市级代表性传承人。

2009年,参加陕西神木举办的"酒曲山歌擂台赛"获总擂王。同年,在北京参加新春音乐晚会。

2010年,在云南昆明参加中国农民艺术节全国乡村歌手大赛,获原生态金奖。

2011年4月,在四川绵阳参加中央电视台中国民歌原生态盛典获金奖。同年5月,在河南省参加国际黄河旅游节开幕式。同年9月,参加中央电视台广西南宁苹果艺术节演出。

2.漫瀚调项目自治区级传承人

王凤英

女,汉族,1965年11月出生。国家三级演员。

1995—1999年,先后参加晋、陕、蒙各大型比赛均获奖,并多次参加光盘录制及各地区大型演出活动。

2000年,参加中国西部"沙湖杯"(花儿)歌手邀请赛,获特别奖。

2001年,参加歌剧《纳林河畔》演出,获自治区"五个一工程"表演一等奖。同年,被准旗教师进修学校聘为漫瀚调艺术班声乐教师，开始从事漫瀚调培训工作，成绩显著。

2003年，获评国家三级演员。

2007年，获评准格尔旗乡土拔尖人才。

2007年6月，被命名为漫瀚调项目自治区级代表性传承人。

2010年至今，负责全旗漫瀚调声乐培训工作。

2015年至今，负责准格尔旗沙圪堵镇漫瀚调传习所工作。

2016年，加入内蒙古自治区音乐家协会、内蒙古民间文艺家协会。

郭立民

男，汉族，1936年7月出生，2015年5月去世。初中文化，干部。

父亲能拉四胡，打扬琴，母亲会唱蒙汉民歌和山曲儿，自己童年时受父母亲的熏陶，喜欢上了民歌演唱和演奏。

1948年7月—1953年9月，在伊金霍洛旗文化宣传队工作，在河套地区学艺。

1953年9月—1957年10月，在伊金霍洛旗文化宣传队工作。

1954年8月参加伊克昭盟首届二人台、民歌大赛，获二人台表演民歌演唱一等奖。

1957年10月，正式参加准格尔旗民间歌剧团，专业从事四胡演奏、民歌演唱。

1959年7月，参加伊克昭盟第二届二人台、民歌大赛，本人编写的小剧《八十块银元》获剧本二等奖。

1964年5月—1966年8月，在准格尔旗水保站工作。

1966年9月—1971年6月，在准格尔旗乌兰牧骑从事演唱演奏工作。

1971年6月—1994年1月，在准格尔旗贸易公司及副食品加工厂工作。

1982年，和苏永江、刘新民等几位艺人组成"郭、苏、刘"漫瀚调演艺班子，在演出活动过程中不断发掘整理、创新发展并积极讴歌普及漫瀚调艺术，大量培养并推出漫瀚调演唱歌手，多次代表盟、旗参加晋、陕、蒙及周边旗县组织的民歌大赛活动，为准格尔旗"漫瀚调之乡"的命名奠定了民间基础，为漫瀚调的繁荣发展作出了贡献。

1982年以来，多次在自治区、盟、旗各级二人台和漫瀚调文艺汇演中，晋、陕、蒙周边地区二人台漫瀚调民歌、乐器联谊大赛活动中获一、二、三等奖。

1997年，在旗首届漫瀚调艺术节获四胡演奏特等奖。

1998年8月参加"中国首届中国旋律学学术研讨会"（内蒙古大学艺术学院承办）漫瀚调特邀演唱活动，获国内外专家一致好评。

1998年9月—1999年，代表准格尔旗参加晋、陕、蒙三省区、八旗县民歌、二人台器乐大赛获四胡演奏大奖。

2000年以来，多次接受中央电视台第四频道、十二频道、香港凤凰卫视以及内蒙古、山西、陕西电视台和包头广播电台的专访并参加录音录像和转播。

2002年9月，编创器乐合奏曲《龙腾虎跃》参加市级汇演获一等奖。

2004年，应新华社内蒙古分社的邀请，参加新华通讯社主办的全国民歌大赛，获漫瀚调演唱演奏一等奖。

2002年11月、2003年7月、2005年1月，分别接受中央民族大学杨弘、上海音乐学院裴雅勤、中央音乐学院李亚蓉三位教授的专访和录音，并应邀在鄂尔多斯为中央民族大学民歌研究生班讲授"漫瀚调音乐的三大特点"课程。

2005年，在内蒙古大学艺术学院与准格尔旗政府联合主编的《漫瀚调艺术研究》上发表文章《由我的从艺经历看漫瀚调的形成与发展》。同年，阿宝辗转北京、呼市、鄂尔多斯，拜郭立民为师，学习漫瀚调传统曲目《森腾嘛姆》《北京喇嘛》等，之后获星光大道年度总冠军。

2007年6月创作编曲、编词、编舞的歌伴舞《准格尔旗赛白努》联唱作为向鄂尔多斯市两个文明现场会和迎接自治区60大庆的献礼节目参加了演出。

2007年6月，被命名为漫瀚调项目自治区级代表性传承人。

2008年8月，应内蒙古电视台新闻综合频道《西口风》栏目的邀请，录制了以其从艺经历为主线，以漫瀚调为主要内容的《和谐之音》专场，取得巨大成功，得到社会各界广泛认可，极大地推动了漫瀚调"风搅雪"演唱的知名度。同年10月，被准格尔旗文化广播电视局特聘为准格尔旗漫瀚调艺术研究所顾问。

2009年9月，应包头市政府，包头市文化局邀请，以专家身份参加内蒙古自治区二人台艺术节，并参加二人台专家研讨会发表关于蒙汉音乐融合的论述"风儿雪儿齐飞扬，蒙汉人民同歌唱"，得到与会专家的好评，在《内蒙古日报》发表论文《浅谈二人台与山曲儿》。

2010年4月，被准格尔旗文联特聘为漫瀚调协会名誉主席。

3. 漫瀚调项目市级传承人

刘新民

男，汉族，1951年出生于准格尔旗沙圪堵镇，中共党员，大专文化。

先后任准格尔旗乌兰牧骑队长、电影公司经理、图书馆馆长、文体局副局长、文联副主席。

一直从事文艺工作，热爱文艺事业，掌握乐理，擅长演奏扬琴，熟知漫瀚调音乐。20世纪80年代初，与郭立民、苏永江组建漫瀚调乐队，当地人称"郭苏刘"班子，该乐队是当时准格尔旗乃至鄂尔多斯地区演奏漫瀚调水平最高、韵味最为纯正的乐队。多次参加区内外比赛活动并获得不同级别奖项。创作了大量的漫瀚调作品，发表数篇漫瀚调论文，参与编辑多部漫瀚调书籍和音像资料，多次担任漫瀚调艺术培训班讲师，不断在演唱演奏中实践研究，挖掘和整理，为漫瀚调艺术的传承和发展做出了重要贡献。

1997年8月18日，在首届漫瀚调艺术节歌手、器乐大奖赛中获得特别演奏奖。

1998年8月，参加中国首届旋律学学术研讨会，在内蒙古大学艺术学院为大会进行了演出。

1998—1999年，代表准格尔旗参加秦、晋、蒙三省区八旗县民歌、二人台、器乐大赛，获得不同级别奖项。

1999年，参与漫瀚调歌剧《纳林河畔》的创作与编曲，2001年11月该剧获内蒙古自治区精神文明建设第七届"五个一工程"入选作品奖。

2009年12月，被命名为漫瀚调项目市级代表性传承人。

黄 山

男，蒙古族，1962年2月出生，2018年5月去世。大专学历，小教高级教师。擅长演奏扬琴、四胡，曾参加历届漫瀚调艺术学术研讨会，参加文化三下乡演出、慰问活动，参加非物质文化遗产展，参加全国旋律学研讨会并进行展演。

1983年开始学习乐器，1986年准格尔旗乌兰牧骑撤销后先后工作于准格尔旗晋剧团、山西河曲县二人台歌剧团，陕西府谷县文化馆业余文艺宣传队，伊旗文化馆等十余个专业和业余文艺团体，在此期间，得到过晋、陕、蒙文艺界老前辈的指点，参加晋、陕、蒙乐器大赛多次获奖。

1993年，调回准格尔旗文工团工作，从学员做起直至担任业务团长，总结了丰富的演奏经验和演奏技巧。

1997年，参加自治区成立50周年鄂尔多斯专业文艺汇演获得伴奏二等奖。同年参加首届漫瀚调艺术节歌手器乐大赛获得特别演奏奖。

1999年，参加首届鄂尔多斯文化节文艺展演，凭借《纳林河畔》获乐队演奏二等奖。

2000年，参加第二届漫瀚调艺术节歌手器乐大赛获演奏一等奖。同年调入准格尔旗进修学校任教，培养了一批优秀的漫瀚调学生。

2001年，参演漫瀚剧《纳林河畔》被评为自治区"五个一"工程奖。

2003年，参加第三届中国准格尔·漫瀚调艺术节歌手器乐大赛获演奏一等奖。

2006年，参加第四届中国准格尔·漫瀚调艺术节歌手器乐大赛获得演奏一等奖。

2008—2010年，借调至准格尔旗漫瀚调艺术研究所，参与了漫瀚调艺术研究项目，注重挖掘整理漫瀚调历史。

2008—2013年，被聘为准格尔旗漫瀚调艺术培训班客座讲师。

2009—2013年，参与录制了《准格尔原生态蒙古民歌》（1—5辑）。

2009年12月，被命名为漫瀚调项目市级代表性传承人。

弓赛音吉亚

男，蒙古族，1950年1月出生于准格尔旗布尔陶亥，2024年3月去世。为漫瀚调项目市级传承人，喇嘛教史话项目旗级传承人。

1975年7月毕业于内蒙古蒙文专科学校。先后在布尔陶亥学校、准格尔旗民族中学任教，1980年5月调至准格尔旗民族事务局工作，直至退休。

1978—1988年，搜集整理准格尔旗蒙古民歌，1988年编辑成册，名为"准格尔民歌乐曲选集"，1992年正式出版《准格尔民歌》。此书1991年获盟民委"民族古籍整理三等奖"；1996年作为准格尔旗申报"漫瀚调艺术之乡"的申报材料之一；1998年获准格尔旗文联"金松文艺特别奖"；为《漫瀚调研究》书籍提供了大量的资料，为鄂尔多斯民歌研究协会提供了大量的资料。

历年多次担任各种漫瀚调比赛的评委，多次为参赛选手指导蒙古民歌的演唱。

从2008年开始受聘为漫瀚调艺术培训班客座讲师，6年来教授学员500余名，很多学员现已成为准格尔旗知名的漫瀚调歌手、乐手。

从 2009 年开始担任准格尔旗原生态蒙古语合唱团教唱老师，为 50 多人传承教唱准格尔旗蒙古民歌 123 首，该合唱团参加鄂尔多斯市原生态蒙古民歌比赛荣获一、二、三等奖，现已录制了《准格尔原生态蒙古民歌》（1—5 辑）。

2009 年 12 月被命名为漫瀚调项目市级代表性传承人。

2013 年在布尔陶亥组建漫瀚调传习班，教唱学员 50 余名。

岳文祥

男，汉族，1980 年 2 月出生，漫瀚调歌手。

1998 年开始学习演唱、演奏漫瀚调。

2003 年 10 月，获第三届中国·准格尔漫瀚调艺术节演唱类、演奏类二等奖。

2004 年 5 月，获晋陕蒙冀四省区二人台电视大奖赛二等奖。

2005 年 9 月，与阿宝、王二妮等成为北京向前进文化发展中心签约歌手。同年 10 月获鄂尔多斯第二届青年歌手大赛一等奖。

2006 年 9 月，获第四届中国·准格尔漫瀚调艺术演唱类一等奖。同月赴京参加"让我们牵手《山歌与爵士》中德青年音乐会"。

2007 年 12 月，获中国首届原生态民歌大赛金奖。

2008 年 5 月，在内蒙电视台《西口风》栏目成功录制个人专场晚会。

2009 年 10 月，获第五届中国·准格尔漫瀚调艺术演奏类二等奖。

2009 年 12 月，被命名为非物质文化遗产项目漫瀚调市级代表性传承人。

2012 年 8 月，带领学生何雨浓参加了张家口市冀、蒙、晋、陕二人台大赛开幕式。同年 10 月获第六届中国·准格尔漫瀚调艺术演奏类一等奖。

2013 年 6 月获"爱我家乡"文明行鄂尔多斯民歌大赛联唱第一名。同年 8 月获第四届中国呼和浩特二人台、民歌大赛专业组金奖。

2014 年 1 月参加凤凰卫视春节联欢晚会。6 月获河曲县第三届"陆野杯"晋、陕、蒙、冀二人台大赛三等奖。6 月担任薛家湾南苑社区漫瀚调传习所负责人。7月参加鄂尔多斯市农牧民暨社区文艺汇演获一等奖。10月被聘为准格尔旗青少年活动中心漫瀚调公益班授课老师。10月与搭档张燕参加内蒙古自治区庆祝中华人民共和国成立65周年文艺晚会。

2015年1月，参加中央电视台第三频道"越战越勇"栏目的录制。同年9月发行首张个人专辑《亲情漫瀚调》。

2016年8月，获陕西省府谷县四省区二人台大赛最佳表演奖。

2017年6月，获魅力乌拉特中国西部民歌会比赛最佳演唱奖。

2018年7月，应邀参加山西卫视《歌从黄河来》节目录制。同年10月担任准格尔旗职业高中非遗项目漫瀚调艺术培训基地授课老师。

2019年5月，参加第十二届中国艺术节、第十八届群星奖，获作品入围奖。7月参加云南·楚雄州"中国原生民歌节"获优秀展演奖。同年9月参加湖北·十堰市《山歌越唱越快活》中国·吕家河民歌会获优秀展演奖。

2020年3月与周展升等人合作录制《漫瀚调》传统音乐伴奏42首。

2021年，受邀参加中国音乐学院山歌社第二课堂举办的"学唱漫瀚调"专题活动。

2023年，受邀参加内蒙古艺术学院非遗传承人进校园系列活动。兼职准格尔旗职业高级中学漫瀚调社团课外辅导教师。

2024年5月，随中国外文局组织的12家中央和地方宣传文化参展团，参加第120届法国巴黎国际博览会，作为特邀人员在巴黎展示漫瀚调。

刘 莹

女，汉族，漫瀚调歌手。

1980—1982年，在东胜乌兰牧骑工作。

1982—1987年，在准格尔旗乌兰牧骑工作（1987年准旗乌兰牧骑撤销）。

1988—2000年，分配至准格尔旗民族地毯厂工作并传唱漫瀚调。

2000年至今一直传唱漫瀚调。其间积极参加各种文化活动，包括下乡、慰问、"非遗"宣传等，还参加了创造吉尼斯世界纪录的"千人漫瀚调"演唱；培养漫瀚调艺术人才200余名，并有几十名学生已是准格尔旗知名的漫瀚调歌手，深受广大群众的喜欢。

1989年，获鄂尔多斯市第二届业余歌手大赛三等奖。

1991年，获庆祝中国共产党成立70周年全盟业余文艺汇演一等奖。

1993年，获全旗民歌大赛二等奖。

1994年，获全盟煤炭系统第二届"乌金杯"职工文艺汇演优秀表演奖；同年获鄂尔多斯歌会比赛业余组民族唱法一等奖。

1996年，获晋陕蒙五县旗民歌二人台演唱大赛三等奖。

1998年，参演漫瀚剧《纳林河畔》荣获表演一等奖，该剧获得自治区工程奖。

1999年，获鄂尔多斯市"华研杯"新歌手声乐大赛三等奖。

2002年，获内蒙古民歌大赛三等奖。

2007年，获鄂尔多斯民歌大赛声乐组铜奖。

2008年，获鄂尔多斯国际文化节民歌大赛铜奖。

2010年，获准格尔旗歌手电视大赛民族组二等奖。

2015年，获第七届中国·准格尔漫瀚调艺术节声乐、器乐大赛二等奖；同年被评为"一旗一品"漫瀚调创建工作先进个人。

2010—2015年，被特邀为漫瀚调艺术培训班客座讲师。

2009年12月，被命名为漫瀚调项目市级代表性传承人。

2018年，参加16个国家采风展演，并进行漫瀚调现场授课，国际友人反响良好。

2019年，参加中国·银川黄河合唱节，荣获"天下黄河·魅力银川·最美金凤"活动金奖。

侯来元

男，汉族，1959年1月出生于准格尔旗大路镇老山沟村。

受父亲影响，自幼喜爱"漫瀚调、二人台"，8岁学会拉四胡。1968年，参加过人民公社、生产队红色文艺宣传队演出（四胡演奏）。改革开放后组建"漫瀚调"演出班子，和歌手李忠小、奇附林、王金娥合作。

1997年正式拜郭立民老师学习。同年参加首届漫瀚调大赛器乐演奏（四胡）荣获一等奖。

2006年，参加"鄂尔多斯放歌"歌会节获一等奖。

2007年，中国文联音像出版发行《内蒙古山曲金典》，担任四胡伴奏员。

2008年，参加漫瀚调学术研讨会并演出。

2009年，参加准格尔旗践行科学发展观"心系农村，服务百姓"大型宣传教育活动，担任四胡伴奏。

2009年12月，被命名为漫瀚调项目市级代表性传承人。

2013年，同内蒙古国家一级演奏员张占海老师学习。

2018年至今，参与公益演出、授课，以及"漫瀚调进校园"传承培训活动。

王秀花（王花）

女，汉族，1973年9月出生，漫瀚调歌手。

在家族及母亲的传授与培养下，自幼学习演唱漫瀚调，并跟随民间"漫瀚调艺术团"演唱锻炼提高，后得到张玉林、张发、刘新民等漫瀚调专家的指点，长期研究准格尔旗蒙古族曲调与漫瀚调的关联，尤其在蒙调汉词方面做了大量的探索与尝试，形成了自己独特的原生态唱法，即用地道的准格尔方言演唱漫瀚调，嗓音清脆嘹亮，擅长即兴编词，现编现唱，贴近生活、贴近时事。从艺以来参加区内外大型演唱约500多场次，参加旗市各栏目录音录像30多次，服务群众达数万人以上。近十年来，投入更多的时间培

养培训漫瀚调艺术人才 100 多人，在唱腔、韵调和歌词现编技艺等方面悉心指导，其中长期培养的 12 位漫瀚调演员已经成为优秀艺术人才，在各类比赛竞赛中崭露头角。

1997 年，获首届中国·准格尔漫瀚调艺术节演唱一等奖。

2000 年，获"金元杯"首届全区农牧民歌手电视大奖赛团体一等奖、个人优秀奖。

2001 年，获全盟中老年文艺汇演二等奖。

2004 年，录制并发行《内蒙山曲》光盘（1—3 辑）。

2009 年 12 月，被命名为漫瀚调项目市级代表性传承人。

2010 年，参加首届"中国少数民族非物质文化遗产展"获优秀奖。

付二兰

女，汉族，1987 年出生于准格尔旗十二连城乡巨合滩村。嗓音明亮，善于表演，特别是对漫瀚调情有独钟。于 1999 年到准格尔旗教师进修学校漫瀚调艺术班学习漫瀚调演唱技巧。通过三年学习，掌握了漫瀚调的演唱方法，毕业后经常参加准格尔旗及周边地区喜庆宴会活动。

2008 年，参加准格尔旗"华准物流杯"首届青年歌手电视大奖赛，获漫瀚调唱法特等奖。

2009 年，获得第五届中国·准格尔漫瀚调艺术节歌手乐手大赛特等奖，博得了评委和观众的一致好评。

2009 年 12 月被命名为漫瀚调项目市级代表性传承人。

2013 年 7 月，获"爱我家乡文明行"鄂尔多斯民歌大赛民歌联唱第一名。同年 8 月，获"青山杯"第四届中国·呼和浩特二人台、民歌大赛专业组金奖。

2014 年 8 月，获第三届"陆野杯"晋陕蒙冀民歌、二人台大赛三等奖。

2015 年 11 月，获"爱我鄂尔多斯"大型文化赛事活动——"歌从草原来"2015 鄂尔多斯民歌大赛季军。

2017—2024 年，分别担任准格尔旗薛家湾第六小学、第九小学、魏家峁小学"漫瀚调"社团课外辅导老师。

4. 漫瀚调项目旗级传承人

王伟业

男，汉族，1979 年出生，现任准格尔旗乌兰牧骑队队长。从小酷爱文艺，多次参加全国性演唱比赛并获得殊荣。从艺期间，不断学习，尤其是注重对漫瀚调的学习、探讨，在漫瀚调艺术传承方面做出了贡献。

2001 年，获区级小戏小品曲艺比赛专业组二等奖。

2003 年，获第四届中国西部"河州杯"民歌（花儿）大赛铜奖；同年参加首届"中国滨州·博兴国际小戏艺术节"，《青山路弯弯》《山魂》获优秀表演奖。

2004 年，获"阿诗玛杯"第二届内蒙古情歌演唱大赛职业组优秀演唱奖。

2006 年，获内蒙古自治区二人台戏曲调演表演二等奖；同年在全区两个文明建设经验交流会"中国·内蒙古第三届国际草原文化节暨首届鄂尔多斯国际文化节"中，《漫瀚情歌》获表演一等奖。

2008 年，获第三届鄂尔多斯国际文化节"鄂尔多斯民歌大赛"漫瀚调金奖。

2010 年，在第五届华北五省市（区）舞蹈比赛中，其作品《白泥窑记忆》获表演一等奖，其表演的舞蹈《火凤凰》获舞蹈二等奖，其创作的舞蹈《准格尔妹妹》获表演三等奖。同年，其作品《白泥窑记忆》获内蒙古自治区"五个一工程奖"。

2012 年，舞蹈《白泥窑记忆》获区级第十届精神文明建设（五个一工程）优秀作品奖，同年，参加由文化部举办的第六届中国原生态民歌大赛，获优秀传承奖。

2012年5月，被命名为漫瀚调项目旗级第二批代表性传承人。

2013年，在第十届内蒙古草原文化节汉语小戏小品比赛中，作品《幸福全覆盖》获得导演奖、表演奖；同年8月参加内蒙古自治区文化厅和巴彦淖尔市人民政府举办的首届内蒙古中西部民歌大赛，获漫瀚调传承奖和优秀演唱奖；同年组织编创并导演了漫瀚调专题晚会《漫瀚情深》，在全市专业团体文艺汇演中获得金奖，并获6项单项编创奖。

2014年，小品《拆迁之后》荣获内蒙古西部盟市小戏小品大赛导演奖，小品《夫妻学报告》获剧目奖；同年漫瀚调歌舞戏《漫瀚情缘》获第二届内蒙古自治区曲艺类编创奖；编创并主演的大型漫瀚调音乐剧《海红酸海红甜》获第三届二人台艺术节优秀剧目展演创新奖、剧目二等奖及4项单项奖。

2015年，在元宵节期间举办了首次"我的家乡我的梦"个人独唱音乐会，同年9月参加第三届内蒙古戏剧"娜仁花"奖评比并获得金奖。同年参加第十二届中国·内蒙古草原文化节优秀剧目漫瀚调音乐剧《海红酸海红甜》全区展演、巡演。

2016年，获评"鄂尔多斯英才"称号。编创、导演、表演的漫瀚调音乐剧《牵魂线》获得第二届全市文艺调演金奖等10项大奖。同年，漫瀚调音乐剧《海红酸海红甜》参加内蒙古戏曲节获剧目二等奖、个人优秀表演奖。

2017年，编创、执导、主演的漫瀚调音乐剧《牵魂线》获得国家艺术基金资助项目并参加2017年内蒙古自治区优秀剧目巡演、基层团体进京演出活动。同年，漫瀚调音乐剧《海红酸海红甜》参加第二届内蒙古地方戏展演获得剧目二等奖、个人优秀表演奖。同年，带队赴印度尼西亚参加波罗浮屠国际艺术节演出。

2018年，编创、执导、主演的漫瀚调音乐剧《牵魂线》参加内蒙古第四届二人台艺术节，获优秀剧目奖、导演奖、表演奖；该剧入选2018年自治区优秀剧目巡演名录，并入选2018年自治区艺术精品工程。同年8月，漫瀚调音乐剧《牵魂线》参加全国优秀音乐剧目展演获展演奖；同年11月，漫瀚调音乐剧《海红酸海红甜》《牵魂线》参演2018年"戏曲百戏（昆山）盛典"

折子戏展演获展演证书。

2019年，漫瀚调歌舞戏《漫瀚情缘》，参加第八届全国优秀小戏小品展演获编剧奖、导演奖等奖项8项。同年7月参加2019年中国滨州·博兴非遗（稀有）剧种小戏展演获创作奖。同年，漫瀚调音乐剧《牵魂线》获内蒙古自治区第十四届精神文明建设"五个一工程"奖。同年，随内蒙古非遗团队走进宝岛台湾高雄市佛光山，参加"守望精神家园——第六届两岸非物质文化遗产月"暨"美丽中华行"大型公益交流活动。

2020年，漫瀚调音乐剧《牵魂线》获得编剧奖、导演奖。

2021年，漫瀚调现代戏《山那边》在内蒙古自治区优秀剧目展演中获表演奖。

2022年，漫瀚调现代戏《山那边》赴山东省聊城市参加第五届中国黄河流域戏剧红梅大赛获金获，《山那边》赴山东省聊城市参加第二届中国黄河流域戏曲演出季获展演奖。

2023年，创作的漫瀚调现代戏《同心记》入选第二十届草原文化节优秀剧目展演、巡演名录，参加"菊苑流芳"——第八届辽吉黑蒙四省区地方戏曲优秀剧目展演，获表演奖。

王美臻

女，汉族，1975年出生，籍贯山西河曲。准格尔旗文化和旅游局干部。1993年6月，以戏剧表演演员考入准格尔旗文工团。先后担任准格尔旗文化馆馆长、漫瀚调艺术研究所所长，一直从事漫瀚调传承工作。其间，教学辅导漫瀚调的表演唱，组织传承人参加各类比赛、展演、培训活动，整理资料。配合市文化和旅游局出版有关漫瀚调书籍，录制漫瀚调传统音乐曲目伴奏40首，受邀参加艺术学院关于"漫瀚调发展"讲学等活动，为漫瀚调的传承发展作出了贡献。

1997年7月，参加庆祝内蒙古自治区成立50周年伊克昭盟专业团体文艺

汇演，漫瀚调实验剧《双山梁》荣获表演一等奖；

2000年4月，调入准格尔旗文化馆工作。

2001年7月，参加区级小戏、小品大赛，表演漫瀚调小戏《山路弯弯》，获表演三等奖。

2012年5月，被命名为漫瀚调项目旗级第二批代表性传承人。

2014年，获评内蒙古自治区人力资源和社会保障厅颁发的群众文化副研究馆员。同年，在"爱我鄂尔多斯"第二届全市农牧民暨社区文艺汇演中荣获金奖。同年在鄂尔多斯市创建国家公共文化服务体系示范区工作中获评先进个人。

2015年，获评旗级文化旅游工作先进工作者。

2016年，参加文化部主办的全国基层文化队伍示范性培训"中国民间文化艺术之乡"专题培训学习。

2017年，参加文化部主办的全国基层文化队伍示范性培训全国群众文艺创作（戏剧）培训学习。

2018年1月，调入准格尔旗漫瀚调艺术研究所，从事漫瀚调的挖掘、整理、保护传承工作。同年6月，组织漫瀚调代表性传承人参与东欧作曲家采风团演出交流联谊活动。

2019年7月，参加第七届中国成都国际非遗博览会，展演非遗项目漫瀚调《天下黄河》《二道圪梁》曲目。

刘虎全

男，汉族，1976年3月出生于准格尔旗。国家一级演员，准格尔旗乌兰牧骑指导员。1992年初中毕业后，由于对漫瀚调的热爱，参加了呼市民间歌舞剧团集训班培训。1993年结业并就职于托克托王集团，2003年准格尔旗民族歌舞团恢复为乌兰牧骑，同年回到准格尔旗乌兰牧骑工作至今。多年来，带团参加过内蒙古春节联欢晚会、鄂尔多斯春节联欢晚会、全市专业团队文艺汇演、全市道德模范巡演并担任主创人员、历年的准格尔旗春节联欢晚会及元宵晚会、北京国际青年周、国际园林博览会、第十届全国少数民族运动会等大型晚会的演出编创工作，并赴印尼参加波罗浮屠国际艺术节等工作。

1993年，获中国文化节特别贡献奖。

1997年，获第三届昭君文化节辅导奖。

2004年，获内蒙古电视台《西口风》栏目第二期冠军。

2006年，获草原文化节表演二等奖。

2007年，获鄂尔多斯青年歌手大奖赛银奖。

2009年，获得送戏下乡活动"岗位职责标兵"荣誉称号。

2010年，获区级小品小戏大赛银奖。

2012年，获首届鄂尔多斯市舞台艺术大赛小戏小品一等奖；同年参加拍摄了微电影《杨三换的故事》。同年，获第六届中国·准格尔漫瀚调艺术节晋陕蒙地区优秀民歌友谊联赛三等奖，其作品《夕阳红》获漫瀚调戏曲小品大赛优秀奖。

2012年5月，被命名为漫瀚调项目旗级第二批代表性传承人。

2013年，获得晋陕蒙三省区原生态唱法二等奖和表演二等奖。同年参加"青山杯"第四届中国·呼和浩特二人台、民歌大赛荣获一等奖。同年获"美丽内蒙古"首届内蒙古网络剧微电影大赛最佳演员奖。

2014年，所表演的小品《拆迁之后》参加第十一届中国·内蒙古草原文化节获得优秀表演奖；参加第三届内蒙古二人台艺术节优秀剧（节）目展演，在漫瀚调音乐剧《海红酸海红甜》中扮演"鸡换"，获个人表演奖；同年，参加全国微电影大赛获得三等奖；该剧在次年成功入选第十二届中国·内蒙古草原文化节优秀剧目并参加内蒙古草原文化节优秀剧目全区巡演。

2015年6月，参加"内蒙古自治区小戏、小品（汉语）大赛"，参赛作品《考亲戚》荣获小品类优秀奖，并在该作品中荣获导演一等奖。

2016年，在中央电视台摄制的电视连续剧《北方大地》中扮演食堂管理员"老张";在内蒙古电影制片厂拍摄的电影《母亲的肖像》中扮演"村长"。参加拍摄微电影《凝心路》,于其中扮演"四哥";参加拍摄微电影《礼遇》,于其中担任男主角。

2017年,参演的漫瀚调音乐剧《海红酸海红甜》和小品《拆迁之后》,获鄂尔多斯市文学艺术精品奖再奖励。同年,排演漫瀚调音乐剧《牵魂线》,于其中担任唱词设计并扮演"王婆"。

2018年,漫瀚调音乐剧《海红酸海红甜》参加全国优秀音乐剧展演。参加2018年戏曲百戏(昆山)盛典折子戏展演,担任主演。

2019年,漫瀚调音乐剧《海红酸海红甜》参加中国滨州·博兴非遗(稀有)剧种小戏展演,并获"优秀演员"称号。同年,参加吕家河民歌会展演。同年参加张家港第八届全国优秀小戏小品展演等大型演出活动。

2020年9月,《牵魂线》参加第三届内蒙古自治区优秀地方戏展演,获最佳编剧奖。

2021年,参加内蒙古自治区"优秀剧目展演月"活动,在漫瀚调现代戏《山那边》中扮演"李二愣"荣获优秀表演奖。

王慧萍

女,汉族,1990年出生于准格尔旗龙口镇。现供职于准格尔旗乌兰牧骑。国家一级演员,晋蒙陕冀四省区原生态民歌协会理事,内蒙古自治区音乐家协会会员,鄂尔多斯市音乐家协会会员,鄂尔多斯市戏剧家协会会员,鄂尔多斯市曲艺家协会理事,鄂尔多斯市民间文艺家协会理事,鄂尔多斯市青年联合会第三届委员会常务委员,第一届准格尔旗青年联合会委员;准格尔旗第十五届政协委员。2021年获评"鄂尔多斯英才"称号、全市民族团结进步模范个人称号。2021年度获"准格尔旗五四青年奖章"。2022年获"鄂尔多斯向上向善好青年"(爱岗敬业)称号。曾多次参加国家级、省部级文艺比赛并屡获殊荣。

2003年10月，参加第三届中国·准格尔漫瀚调艺术节，获演唱组一等奖；同年9月，参加鄂尔多斯市首届"华夏龙杯"声乐大赛，获二等奖。

2004年，参加中央电视台西部民歌电视大赛，获"优秀民歌手"奖；同年5月参加首届内蒙古二人台艺术电视大赛，获三等奖。同年参加晋陕蒙冀四省区二人台艺术电视大赛，获二等奖。

2006年8月，受内蒙古电视台特邀参加了《蔚蓝的故乡 音乐部落》的专题录制。

2008年，受邀参加内蒙古电视台大型娱乐节目《西口风》栏目的录制。

2009年，参加山西省"陆野杯"第二届河曲民歌、二人台电视大赛，获一等奖。

2010年7月，赴北京参加首届中国农民艺术节，获"精粹奖"。同年8月，参加亚洲国际那达慕大会文艺展演，获"突出贡献奖"。

2011年10月，赴北京人民大会堂参加《黄河情韵》大型民歌演唱会。

2012年，录制《唱响准格尔》漫瀚调光盘；同年，赴湖北参加第六届中国原生民歌大赛，获优秀传承奖。

2012年5月，被命名为漫瀚调项目旗级第二批代表性传承人。

2013年，参加内蒙古首届中西部民歌大赛，获优秀奖；同年，参加"青山杯"第四届中国·呼和浩特二人台、民歌大赛，获民歌表演二等奖；参加第三届全国老年人才艺大赛，获"风华奖"。受山西卫视特邀参加《歌从黄河来》栏目的录制；6月参加"全市专业团体文艺汇演"获金奖，其中漫瀚调歌舞戏《漫瀚情缘》分别获得表演奖和创作奖。

2014年1月，参加鄂尔多斯春节联欢晚会的录制。同年8月，参加第三届内蒙古二人台艺术节（在该剧目中担任主演），获二等奖和创新奖。

2015年1月，参加土默特右旗、鄂尔多斯春节联欢晚会的录制。同年6月，参加"魅力乌拉特"西部民歌邀请赛，获"最佳演唱奖"和"最佳表演奖"；参加内蒙古自治区小戏小品（汉语）大赛，参赛作品《手机惹的祸》，获小品类一等奖。同年11月，参加中央电视台《越战越勇》栏目，演唱了漫瀚调经典曲目《大河畔上栽柳树》。

2016年1月，参加山东省东营市春节联欢晚会的录制。同年2月，参加鄂尔多斯"百姓春晚"的录制。

2017年6月，参加内蒙古自治区文化厅主办的"魅力乌拉特"第三届中国西部民歌会，获最佳演唱奖。

2018年5月，参加山西卫视《歌从黄河来》栏目，成功拿到了年度总决赛的直通卡，并获全国32强称号。

2019年7月，参加中国原生民歌节，演唱漫瀚调《什么人留下个人爱人》荣获优秀展演奖。参加2019中国非遗（稀有）剧种小戏展演，获得"优秀演员"称号。同年8月，参加第五届"中华民族歌手大赛"，荣获青年歌手银奖。9月参加中国民间文学大系出版工程社会宣传推广活动——"武当大明峰杯"中国·吕家河民歌会演出。同年10月，赴台湾参加第六届两岸非物质文化遗产月暨美丽中华行"美丽的草原我的家"非物质文化遗产专场演出。同年11月，参加2019"第八届全国优秀小戏小品展演"活动，获"优秀演员"称号。

2020年9月，参加"国家安全在身边"网上乌兰牧骑节目展演活动，荣获优秀奖。同年12月，原创歌曲《歌从黄河来》荣获第二届马兰花新人新作奖。

2021年9月，参加第四届内蒙古戏曲名家名段演唱会，荣获最佳演唱奖。12月参加第四届阳台山全国实景山歌大赛，荣获特等奖——"山歌王"奖。

2022年8月，参加"相约黄河口·唱响新时代——2022沿黄九省区新时代民歌展演"，荣获"最佳风采奖"。同年12月，表演作品《二道圪梁》获"鱼龙百戏杯"首届曲艺艺术国际邀请赛优秀节目奖。

2023年4月，参加2023全国民间文艺展演，荣获优秀演员奖和优秀节目奖。同年6月，中央广播电视总台大型文化节目《非遗里的中国·内蒙古篇》在呼伦贝尔市拍摄，作为漫瀚调传承人参加节目拍摄录制，并在节目中演唱漫瀚调。同年8月，在内蒙古民歌大会选拔赛总决赛中，获一等奖和网络人气最高奖。同年10月，在第五届"草原金秋"内蒙古自治区声乐比赛中，获二等奖。

代表作品：漫瀚调作品有《天下黄河》《大河畔上栽柳树》《双山梁》《二少爷招兵》《二道圪梁》《什么人留下个人想人》等；原创作品有《歌从黄河来》《双山梁上瞭妹妹》《黄土哥哥黄河妹》等。

谢二东

男，汉族，1973年出生于准格尔旗大路镇，现居住薛家湾镇。准格尔旗漫瀚调优秀歌手，擅长演唱《二少爷招兵》《栽柳树》等曲目。多年来参与漫瀚调演唱活动，曾多次参加汇演及大赛。

2008年，参加准格尔旗青年歌手大赛，获得声乐类三等奖；同年6月，获第三届鄂尔多斯国际文化节"鄂尔多斯民歌大赛"漫瀚调铜奖。

2009年，参加准格尔旗第五届中国·准格尔漫瀚调艺术节，获得声乐类一等奖。

2011年7月，获全市农牧民社区文艺汇演表演奖。

2012年5月，被命名为漫瀚调项目旗级第二批代表性传承人。同年8月，在首届鄂尔多斯市舞台艺术电视大赛中，荣获青年歌手原生态组二等奖。

2013年7月，在"爱我家乡文明行"鄂尔多斯民歌大赛中，获民歌联唱第一名。

2014年9月，在"爱我鄂尔多斯"全市第二届农牧民暨社区文艺汇演中，漫瀚调联唱《漫瀚调调唱家乡》获金奖。同年10月，获第十五届北京国际电子音乐节非物质文化遗产原生态音乐传承突出贡献奖。

2015年11月，获"爱我鄂尔多斯"全市大型文化赛事活动——"歌从草原来"2015鄂尔多斯民歌大赛漫瀚调组季军。

2017年10月，获第八届中国·准格尔漫瀚调艺术节器乐比赛一等奖。

2018年5月，获第十二届中国艺术节暨第十八届群星奖决赛入围奖。

张茂荣

男，蒙古族，1968年出生于准格尔旗十二连城乡蓿亥树村，知名漫瀚调歌手，多年来参加各种大赛及汇演并获得奖项。

2003年，参加第三届中国·准格尔漫瀚调艺术节，获演唱组三等奖。

2006年，参加第四届中国·准格尔漫瀚调艺术节，获演唱组二等奖。

2007年，参加首届准格尔旗青年歌手大奖赛，获二等奖。

2008年，参加鄂尔多斯市文艺汇演，获二等奖。

2009年，参加第五届中国·准格尔漫瀚调艺术节，获演唱组二等奖。

2010年，参加首届鄂尔多斯电视歌手大奖赛，获民族唱法一等奖。

2012年5月，被命名为漫瀚调项目旗级第二批代表性传承人。

何银秀

男，汉族，1968年9月出生于准格尔旗大路镇尔圪乞村。高中毕业后回乡务农一段时间，后来在准格尔旗果品厂当工人。2000年后在东胜务工，常住东胜。漫瀚调歌手，嗓音清脆，音质纯净，音域宽广，活跃在东胜及周边地区。曾参加漫瀚调音乐专题片《准格尔风》的拍摄。

1997年，获首届中国·准格尔漫瀚调艺术节歌手优秀奖。

1998年，获准格尔旗"五一、五四"卡拉OK演唱比赛二等奖。

1999年，由山西省南方音像社录制了他的漫瀚调光碟，流传于晋陕冀蒙四省区。

2004年，获鄂尔多斯"万立杯"民歌、山曲、二人台业余歌手大奖赛银奖。

2006年，参加第四届中国·准格尔漫瀚调艺术节，获声乐类特别奖。

2007年，获陕西省第二届陕北民歌大赛二等奖。

2008年，参加全国烟草第四届文艺汇演，获演唱一等奖。

2011年，参加中央电视台《星光大道》栏目，获周赛季军。

2012年5月，被命名为漫瀚调项目旗级第二批代表性传承人。

张美丽

女，汉族，1967年6月出生，内蒙古自治区音乐协会会员。

2009年9月，获得第五届中国·准格尔漫瀚调艺术节"久荣地毯"杯歌手大赛二等奖。

2010年9月，获得准格尔旗歌手电视大奖赛民族组比赛一等奖。同年9月，获得鄂尔多斯首届电视大奖赛民族唱法二等奖。

2012年5月，被命名为漫瀚调项目旗级第二批代表性传承人。

2013年7月，获鄂尔多斯民歌大赛第一名。同年7月，获"我爱家乡文明行"鄂尔多斯民歌大赛民歌联唱第一名。

2024年7月，获鄂尔多斯婚礼风俗展示大赛优秀组织奖。

田光成

男，汉族，1952年出生，著名漫瀚调乐手，擅长四胡演奏。

1997年，获首届中国·准格尔漫瀚调艺术节器乐大赛三等奖。

2009年，代表鄂尔多斯市参加全区"文化广播电视"职工文艺汇演，获漫瀚调演唱团体优秀奖。同年获第五届中国·准格尔漫瀚调艺术节演奏二等奖。

2012年5月，被命名为漫瀚调项目旗级第二批代表性传承人。同年，获鄂尔多斯市首届歌手器乐电视大奖赛演奏特别奖，获第六届中国·准格尔漫瀚

调艺术节演奏二等奖。

2013年，获"爱我家乡文明行"鄂尔多斯市民歌大赛漫瀚调联唱第一名。

2014年，参加"爱我鄂尔多斯"全市第二届农牧民暨社区文艺汇演，漫瀚调联唱《漫瀚调调唱家乡》获金奖，器乐小合奏《漫瀚琴韵》获铜奖。

2015年，参加全区"2015草原文化遗产日暨全区非物质文化遗产展"漫瀚调展演活动；同年获第七届中国·准格尔漫瀚调艺术节器乐大赛一等奖。

张三仲

男，汉族，1966年12月出生于准格尔旗薛家湾镇巴润哈岱村。

1997年，在首届中国·准格尔漫瀚调艺术节获器乐大赛三等奖。

2009年，在第五届中国·准格尔漫瀚调艺术节与队友一起获演奏二等奖。

2012年5月，被命名为漫瀚调项目旗级第二批代表性传承人。同年，在第六届中国·准格尔漫瀚调艺术节获器乐大赛三等奖。

2014年，获市级《漫瀚调调唱家乡》农牧民汇演集体金奖。

2017年，在第八届中国·准格尔漫瀚调艺术节获器乐大赛二等奖。

杜金娥

女，蒙古族，1966年4月出生于达拉特旗。国家二级演员，1983年9月毕业于内蒙古艺术学院，分配至伊盟艺术学校任声乐教师。漫瀚调项目旗级代表性传承人，内蒙古振兴晋剧促进会副会长。1993年调任准格尔旗文工团任业务副团长。2000年任准格尔旗旅游局副局长；2015年任准格尔旗文化和旅游局副局长。曾多次参加演出比赛并荣获奖项。

1998年8月，首届鄂尔多斯文化艺术节比赛，漫瀚调歌剧《纳林河畔》领唱获一等奖。

2000年7月，第二届中国·准格尔漫瀚调艺术节、歌手大赛，获三等奖。

2005—2008年，鄂尔多斯成吉思汗文化旅游节大赛，连续四年获漫瀚调优秀歌手奖。

2009年5月，全旗职工文艺汇演比赛中，获漫瀚调演唱二等奖。

2013年7月，市委宣传部选送录制《鄂尔多斯歌曲金典》和《鄂尔多斯民歌精粹》，自编自唱的漫瀚调《准格尔旗经济发展又快又好》被编成书籍和数字出版物。

2021年7月，带领准格尔旗老年大学"漫瀚调"班被选送参加鄂尔多斯市各旗区文艺汇演。同年9月，参加准格尔旗迎泽街道庆"七一"大赛活动获独唱一等奖；带领准格尔旗老年大学漫瀚调班参加比赛，获集体二等奖。12月，参加鄂尔多斯市春节联欢晚会演出，独唱漫瀚调《走进准格尔》。

2022年9月，被命名为漫瀚调项目旗级第三批代表性传承人。

2023年3月，参加北京艺星奔月国际传媒有限公司文工团歌咏大赛获一等奖。

吴花女

女，汉族，1972年出生，漫瀚调优秀歌手。多年来一直参加民间的漫瀚调演唱活动。

2003年10月，获第三届中国·准格尔漫瀚调艺术节演唱三等奖。

2006年8月，获第四届中国·准格尔漫瀚调艺术节演唱三等奖。

2007年和奇附林、王凤英、岳文祥演唱漫瀚调，由中国国际广播音像出版社录制专辑光盘出版发行。

2008年9月，获第三届鄂尔多斯国际文化节"鄂尔多斯民歌大赛"优秀奖。

2011年，与西部漫瀚调歌王奇附林演唱漫瀚调，由北京东方影音出版公司录制专辑出版发行。

2022年9月，被命名为漫瀚调项目旗级第三批代表性传承人。

2014年9月，在"爱我鄂尔多斯"全市第二届农牧民暨社区文艺汇演中，漫瀚调对唱《天下黄河》获金奖。

2015年8月，获第七届中国·准格尔漫瀚调艺术节声乐三等奖。

2020年9月，获秦晋蒙酒曲擂台赛个人二等奖。

李美清

女，汉族，1963年1月出生于准格尔旗海子塔。

2003年，获第三届中国·准格尔漫瀚调艺术节演唱三等奖。

2004年，获鄂尔多斯"万立杯"民歌、山曲、二人台业余歌手大奖赛三等奖。

2007年，参加鄂尔多斯市东部地区才艺大赛，自弹自唱获一等奖。

2008年，在"家和万事兴"东胜地区家庭才艺大赛中获三等；同年获第三届鄂尔多斯国际文化节"鄂尔多斯民歌大赛"漫瀚调银奖。

2014年，获首届"万家惠杯"鄂尔多斯好声音大奖赛纪念奖。

2019年，获"当好主人翁·建功新时代"庆祝中华人民共和国成立70周年全旗职工文艺汇演歌唱类三等奖。

2022年9月，被命名为漫瀚调项目旗级第三批代表性传承人。

张二万

男，汉族，1972年2月出生于准格尔旗沙圪堵镇，一直利用业余时间从事漫瀚调演唱活动，多年来参加各类歌手大赛及汇演并获得奖项。

1997年8月，参加首届中国·准格尔漫瀚调艺术节，获三等奖。

2000年9月，参加第二届中国·准格尔漫瀚调艺术节，获优秀奖。

2003年10月，参加第三届中国·准格尔漫瀚调艺术节，获二等奖。

2006年8月，参加第四届中国·准格尔漫瀚调艺术节，获三等奖。

2008年6月，参加准格尔旗"华准物流杯"首届青年歌手大奖赛，漫瀚调演唱获铜奖。

2014年，参加漫瀚情爱我家乡《歌颂祖国》文艺汇演，获一等奖。

2022年9月，被命名为漫瀚调项目旗级第三批代表性传承人。

张在义

男，蒙古族，1964年11月出生于准格尔旗布尔陶亥苏木李家塔村，漫瀚调歌手中的后起之秀，多次参加歌手比赛并获得奖项。

1997年，参加庆祝内蒙古自治区成立50周年鄂尔多斯歌会获独唱优秀奖。

2000年11月，参加全区首届农牧民歌手电视大奖赛，获漫瀚调演唱组优秀奖。

2003年，参加第三届中国·准格尔漫瀚调艺术节，获漫瀚调歌手二等奖。

2008年6月，参加准格尔旗"华准物流杯"首届青年歌手电视大奖赛，获漫瀚调唱法优秀奖。

2009年，参加第五届中国·准格尔漫瀚调艺术节，获演唱三等奖。

2012年，参加第六届中国·准格尔漫瀚调艺术节获，获漫瀚调声乐比赛优秀奖。

2022年9月，被命名为漫瀚调项目旗级第三批代表性传承人。

奇固元

男，蒙古族，1977年4月出生于准格尔旗大路镇尔圪气村。

2003年，参加第三届中国·准格尔漫瀚调艺术节，获优秀奖。

2010年，参加首届鄂尔多斯电视歌手大奖赛，获民族唱法优秀奖。

2011年，参加首届全旗农牧民社区文艺汇演，漫瀚调对唱《二道圪梁》获表演奖。

2012年，参加第六届中国·准格尔漫瀚调艺术节，获声乐三等奖。

2014年，在"爱我鄂尔多斯"全市第二届农牧民暨社区文艺汇演中，漫瀚调联唱《漫瀚调调唱家乡》获金奖。

2015年，参加第七届中国·准格尔漫瀚调艺术节，获声乐三等奖。

2018年，音乐类漫瀚调情景表演唱《美好家园人情厚》，获内蒙古自治区第二届"群星奖"。

2020年，参加陕西省秦晋蒙酒曲擂台赛，获团体二等奖。

2022年9月，被命名为漫瀚调项目旗级第三批代表性传承人。

周俊丽

女，汉族，1977年8月出生，漫瀚调歌手，多次参加鄂尔多斯市及周边地区文艺演出与比赛活动并获得奖项。

1997年，参加鄂尔多斯专业文艺汇演，漫瀚调实验戏《双山梁》获二等奖。

1998年，参加首届鄂尔多斯文化节文艺展演，漫瀚调实验戏《纳林河畔》获一等奖。

2000年，漫瀚调实验戏《纳林河畔》获内蒙古自治区"五个一"工程奖。

2006年，参加第四届中国·准格尔漫瀚调艺术节，获漫瀚调演唱三等奖。

2008年，获准格尔旗首届青年歌手大赛漫瀚调唱法金奖。同年在第三届鄂尔多斯国际文化节"鄂尔多斯民歌大赛"中获漫瀚调铜奖。

2012年，参加第六届中国·准格尔漫瀚调艺术节，获漫瀚调新创歌词大赛二等奖。

2016年，参加准格尔经济开发区消夏晚会获最佳指导奖。

2018年，参加中东欧国家采风展演。

2020年，参加中国北方民歌那达慕展演。

2021年，受邀参加中国音乐学院山歌社第二课堂举办的"学唱漫瀚调"专题活动。

2022年9月，被命名为漫瀚调项目旗级第三批代表性传承人。

赵兰女

女，汉族，1959年11月出生于准格尔旗沙圪堵镇杨家湾村，著名漫瀚调歌手。

1997年，参加首届中国·准格尔漫瀚调艺术节，获演唱三等奖。

2006年，参加第四届中国·准格尔漫瀚调艺术节，获演唱优秀奖。

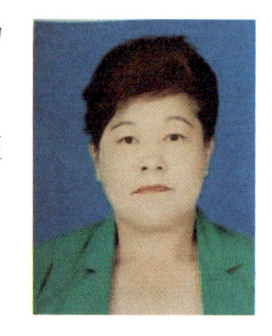

2012年，参加第六届中国·准格尔漫瀚调艺术节，获得演唱三等奖；同年获魅力开发区"中博杯"漫瀚调大赛一等奖。

2015年，参加第七届中国·准格尔漫瀚调艺术节，获歌手大赛优秀奖。同年获"爱我鄂尔多斯"全市大型文化赛事活动——"歌从草原来·2015鄂尔多斯民歌大赛"民歌大赛优秀奖。

2017年，参加准格尔旗沙圪堵镇"天涯共此时"文艺演出，获一等奖。

2018年，参加准格尔旗沙圪堵镇"农民丰收节"文艺演出，获三等奖。

2019年，参加准格尔旗沙圪堵镇"农民丰收节"文艺演出，获二等奖。

2022年9月，被命名为漫瀚调项目旗级第三批代表性传承人。

高美珍

女，汉族，1972年1月出生于准格尔旗沙圪堵镇五道包村。漫瀚调歌手，擅长演唱《北京喇嘛》《双山梁》等漫瀚调曲目。

2012年8月，获第六届中国·准格尔漫瀚调艺术节漫瀚调声乐比赛三等奖。同年8月，获2012年魅力开发区首届"中博杯"漫瀚调大赛二等奖。

2014年9月，参加沙圪堵"漫瀚情·爱我家乡"文艺汇演，《歌颂祖国》节目获声乐组一等奖。

2015年8月，获第七届中国·准格尔漫瀚调艺术节声乐类优秀奖。

2019年9月，获2019年中国农民丰收节暨首届沙圪堵镇美食节的农民才艺大赛声乐一等奖。

2020年9月，获2020年秦晋蒙酒曲擂台赛个人赛二等奖。

2022年9月，被命名为漫瀚调项目旗级第三批代表性传承人。

贾 玲

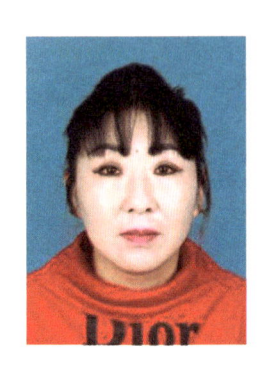

女，汉族，1969年10月出生于准格尔旗十二连城乡蓿亥图村。

2003年，参加第三届中国·准格尔漫瀚调艺术节，获演唱三等奖。

2005年，获得"万通杯"民歌赛优秀奖。

2006年，参加第四届中国·准格尔漫瀚调艺术节，获优秀奖。

2010年，参加达拉特旗第二届地方民歌大赛，荣获二等奖。

2013年，参加十二连城乡"迎中秋庆国庆"民歌大赛荣获一等奖。

2016年，参加准格尔旗那达慕大会乡村歌手大赛荣获优秀奖；同年参加准格尔旗美丽乡村歌手大赛荣获优秀奖。

2022年9月，被命名为漫瀚调项目旗级第三批代表性传承人。

贾四女

女，汉族，1974年9月出生于准格尔旗海子塔。

2005年9月，参加"伊东杯"全市第二届青年歌手大赛获得优秀奖。

2009年9月，参加第五届中国·准格尔漫瀚调艺术节，获演唱类三等奖。

2014年9月，在"爱我鄂尔多斯"全市第二届农牧民暨社区文艺会演中，漫瀚调联唱《漫瀚调调唱家乡》荣获金奖。

2015年8月，参加第七届中国·准格尔漫瀚调艺术节，获声乐类三等奖。

2017年6月，参加兴隆街道庆祝内蒙古自治区成立70周年"红歌演唱比赛"获得三等奖。

2017年10月，参加第八届中国·准格尔漫瀚调艺术节，获声乐比赛三等奖。

2022年9月，被命名为漫瀚调项目旗级第三批代表性传承人。

鲁巧荣

女，汉族，1960年10月出生于准格尔旗龙口镇马栅村。爱好文艺，多次参加乡、旗、盟文艺汇演。

1997年、2000年，参加首届、第二届中国·准格尔漫瀚调艺术节声乐器乐比赛，获器乐优秀奖。

2003年，参加"中国人寿保险杯"开发热土文艺大赛，获二等奖。

2004年，参加准格尔旗青年歌手大赛，获三等奖。

2006年、2009年，参加第四届、第五届中国·准格尔漫瀚调艺术节漫瀚调比赛，均获优秀奖。

2012年，参加第六届中国·准格尔漫瀚调艺术节声乐比赛，获三等奖。

2015年，参加"凝聚职工力量、共筑中国梦想"全旗职工文艺汇演，获优秀奖。同年，参加第七届中国·准格尔漫瀚调艺术节声乐器乐大赛，获三等奖。

2016年，参加"中国梦劳动美，凝聚职工力量，共建美丽家园"全旗职工汇演，获三等奖。同年，参加准格尔旗乡村文化旅游节暨首届准格尔美丽乡村歌手大奖赛，获三等奖。

2017年，参加"中国梦劳动美，劳动创造未来，奋斗成就梦想"全旗职工汇演，获三等奖。

2022年9月，被命名为漫瀚调项目旗级第三批代表性传承人。

王凤英

女，汉族，1964年6月出生。从小喜爱艺术，热爱漫瀚调，上学时积极参加校园文艺活动。1979年进入五字湾文化站工作，1980年考入伊克昭盟歌剧团，1982年回到准格尔旗乌兰牧骑。

1984年12月，参加全盟农牧业民族业余文艺汇演，获表演奖。

1985年6月，参加全盟专业文艺团体乌兰牧骑汇演，获表演一等奖。

1988年10月，参加第二届鄂尔多斯业余歌手大奖赛获三等奖。

1991年7月，参加庆祝建党70周年全盟业余文艺汇演获表演一等奖。

1993年12月，参加全旗民歌大赛获二等奖。

1997年7月，参演漫瀚调实验剧《双山梁》，获表演一等奖。同年8月，参加首届中国·准格尔漫瀚调艺术节歌手大奖赛获优秀奖。

2000年9月，参加第二届中国·准格尔漫瀚调艺术节漫瀚调歌手大奖赛获演唱一等奖。

2022年9月，被命名为漫瀚调项目旗级第三批代表性传承人。

陈 燕

女，汉族，1982年2月出生于准格尔旗西营子。文化管理员。

2012年，获魅力开发区首届"中博杯"漫瀚调比赛二等奖。

2015年，参加第七届中国·准格尔漫瀚调艺术节，获声乐大赛优秀奖。

2016年，参加准格尔经济开发区消夏文艺晚会，《放歌准格尔》获三等奖。

2019年，参加第十二届中国艺术节暨第十八届群星奖，决赛作品入围。

2022年9月，被命名为漫瀚调项目旗级第三批代表性传承人。

黄玉莲

女，蒙古族，1978年7月出生，漫瀚调歌手。1997—2003年在鄂尔多斯晋剧团工作；2003年至今从事漫瀚调演唱活动。

2006年，参加第四届中国·准格尔漫瀚调艺术节，获演唱类优秀奖。

2009年，参加第五届中国·准格尔漫瀚调艺术节，获演唱类优秀奖。

2012年，参加第六届中国·准格尔漫瀚调艺术节，获演唱类优秀奖。

2015年，参加第七届中国·准格尔漫瀚调艺术节，获演唱类二等奖。

2017年，参加第八届中国·准格尔漫瀚调艺术节，获演唱类三等奖。

2022年9月，被命名为漫瀚调项目旗级第三批代表性传承人。

靳丑丑

女，汉族，1969年6月出生。父母亲是老一辈漫瀚调爱好者，从小耳濡目染，13岁从艺，18岁跟随奇附林老师在准格尔旗、托县、土右旗、包头等地传唱漫瀚调。21岁在内蒙古自治区乌兰恰特影剧院汇演，受到自治区领导布赫的亲切接见和赞扬。从艺40余年，创作出版的《山曲儿魂》专辑被敕勒川博

物馆永久收藏。

2022年9月，被命名为漫瀚调项目旗级第三批代表性传承人。

吕志强

男，汉族，1981年4月出生于准格尔旗十二连城乡三十顷地村，艺名"小甜瓜"。曾多次参加中央电视台、山西电视台节目录制，荣获中央电视台栏目《黄金一百秒》亚军，山西电视台栏目《歌从黄河来》个人金奖。

2022年9月，被命名为漫瀚调项目旗级第三批代表性传承人。

乔瑞锋

男，汉族，1979年7月出生于准格尔旗大路镇何家塔村，漫瀚调歌手。

2015年，参加第七届中国·准格尔漫瀚调艺术节，获声乐三等奖。

2017年，参加第八届中国·准格尔漫瀚调艺术节，获声乐一等奖。

2018年12月，漫瀚调情景表演唱《美好家园人情厚》获内蒙古自治区第二届"群星奖"。

2019年5月，在上海东方艺术中心参加中国第十二届艺术节暨第十八届群星奖决赛，漫瀚调情景表演唱《美好家园人情厚》入围。同年8月，参加准格尔漫瀚调艺术大赛声乐大赛，获二等奖。

2020年，参加陕西省秦晋蒙酒曲擂台赛获二等奖。

2022年9月，被命名为漫瀚调项目旗级第三批代表性传承人。

王当女

女，汉族，1965年3月出生于准格尔旗暖水乡昌汉不拉村，漫瀚调歌手。

2015年11月，参加"爱我鄂尔多斯"全市大型文化赛事活动——"歌从草原来"2015鄂尔多斯民歌大赛，获漫瀚调组优秀奖。

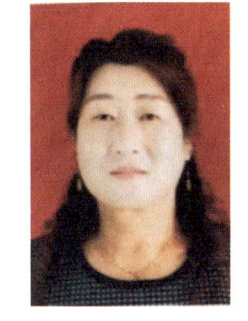

2016年8月，参加准格尔旗乡村文化旅游节暨首届那达慕大会——准格尔美丽乡村歌手大赛，获民歌组二等奖。

2017年，参加第八届中国·准格尔漫瀚调艺术节，获声乐比赛优秀奖。

2020年9月，参加2020秦晋蒙酒曲擂台赛，获个人三等奖。

2022年9月，被命名为漫瀚调项目旗级第三批代表性传承人。

王 利

女，汉族，1974年1月出生于准格尔旗沙圪堵镇石窑沟村。漫瀚调歌手。

2000年，参加第二届中国·准格尔漫瀚调艺术节，获优秀奖。

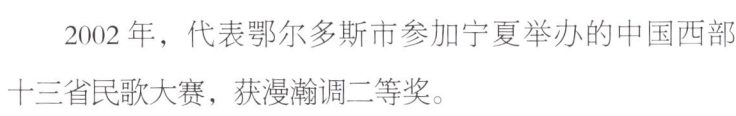

2002年，代表鄂尔多斯市参加宁夏举办的中国西部十三省民歌大赛，获漫瀚调二等奖。

2015年，参加鄂尔多斯市举办的春节联欢晚会演出。

2015年，参加鄂尔多斯举办的"歌从草原来"2015鄂尔多斯民歌大赛，获亚军。

2016年，参加巴彦淖尔市举办的西部民歌、爬山调大赛，获个人最佳风采奖。

2022年9月，被命名为漫瀚调项目旗级第三批代表性传承人。

王瑞英

女，汉族，1991年1月出生于准格尔旗薛家湾镇王青塔村。2008年7月

毕业于内蒙古西部民间艺术学校，现供职于准格尔旗乌兰牧骑，三级演员。

2012年，参加第六届中国·准格尔漫瀚调艺术节，获蒙晋陕民歌友谊联赛三等奖。

2013年，参加内蒙古首届西部民歌大赛，同时获优秀奖与民歌传承奖；同年8月参加"青山杯"第四届中国·呼和浩特二人台、民歌大赛，漫瀚调对唱获二等奖；同年参加全市专业团体文艺汇演，坐腔《天下黄河》获表演奖。

2015年，参加内蒙古自治区小戏小品（汉语）大赛获优秀奖；同年，参加由国家民委、文化部和内蒙古自治区政府共同举办的第五届少数民族优秀声乐作品展演，《瞭哥哥》获展演奖。

2018年，参加戏曲百戏（昆山）盛典，漫瀚调音乐剧《海红酸海红甜》获展演证书。

2022年9月，被命名为漫瀚调项目旗级第三批代表性传承人。

王雅琴

女，汉族，中共党员，1993年1月出生于准格尔旗王青塔村。

2011—2015年，在内蒙古大学艺术学院攻读音乐表演本科专业。

2016年9月—2018年9月，在准格尔旗青少年活动中心担任声乐教师。2016年9月—2019年1月，在呼和浩特市第三十一中学，担任音乐教师，同时兼职教导处行政工作。2019年至今，在呼和浩特市第八中学担任艺术中心主任和音乐教师。

从2009年开始，在全国"蒲公英"校园歌手大赛鄂尔多斯赛区原生态唱法和民族唱法中分别获得特等奖和金奖。此后，在准格尔旗电视台歌手大奖赛、准格尔旗职工文艺汇演、内蒙古自治区第四届室内乐大赛、中国·准格尔漫瀚调艺术节声乐器乐大赛、鄂尔多斯民歌大赛、中国·包头"全国合唱比赛"等众多赛事中屡获佳绩。

2016年，在内蒙古大学艺术学院成功举办个人毕业独唱音乐会，并参与了鄂尔多斯市百姓春晚的录制。在工作中，也多次被评为优秀指导教师、优秀共青团员等。

2020年，受聘为呼和浩特市第二届中小学音乐学科"名师工作室"成员。

2021年，在回民区教师技能大赛和呼和浩特市中小学音乐教师技能大赛中斩获多个奖项。

2022年9月，被命名为漫瀚调项目旗级第三批代表性传承人。

2023年，受聘成为内蒙古自治区高中音乐学科"名师工作坊（室）"成员，并在内蒙古自治区"村歌嘹亮"大擂台比赛中获得一等奖。

李晓旭

女，汉族，1988年8月出生于准格尔旗德胜西乡（现暖水乡）韩家塔村。2012年6月毕业于内蒙古大学艺术学院，现供职于准格尔旗乌兰牧骑，三级演员。

2010年，参加第五届华北五省市（区）舞蹈大赛，群舞《打樱桃》获表演优秀奖。

2012年，参加首届鄂尔多斯舞台艺术电视大赛，获青年歌手原生态组二等奖。

2013年8月，参加"青山杯"第四届中国·呼和浩特二人台、民歌大赛，漫瀚调对唱《黄河水绕着准格尔流》获优秀奖；同年参加全市专业团体文艺汇演，坐腔《黄河水绕着准格尔流》获表演奖。

2018年，参加戏曲百戏（昆山）盛典，获展演证书。

2022年9月，被命名为漫瀚调项目旗级第三批代表性传承人。

黄玉蓉

女，蒙古族，1990年3月出生。2008年7月毕业于鄂尔多斯现代民族艺

术学校，供职于准格尔旗乌兰牧骑。

2006年，参加第四届中国·准格尔漫瀚调艺术节，获演唱比赛三等奖。

2013年8月，参加"青山杯"第四届中国呼和浩特二人台、民歌大赛荣获民歌表演二等奖；同年参加内蒙古首届中西部民歌大赛荣获优秀奖。

2014年，《海红酸海红甜》荣获第三届内蒙古二人台艺术节展演二等奖，入选第十二届中国·内蒙古草原文化节优秀剧目，本人在作品中扮演女主角"乌云"。同年6月，《拆迁之后》荣获第十一届中国内蒙古草原文化节入选作品奖、内蒙古西部盟市小戏小品大赛小戏类表演奖和优秀奖。

2015年2月，获鄂尔多斯"最美形象大使"称号。同年6月，参加"中国民间文化艺术之乡"民歌、山歌展演获展演奖。同年9月，在第三届内蒙古戏剧"娜仁花"奖评中，荣获铜奖。同年11月，参加2015年全区乌兰牧骑小戏小品表演人才培训班。2015年大型漫瀚调音乐剧《海红酸·海红甜》参加草原文化节全区巡回演出。

2016年，参加第二届全市专业艺术团队文艺汇演获得金奖。漫瀚调音乐剧《海红酸·海红甜》获2016内蒙古戏剧曲艺二等奖；2016年9月，作品《拆迁之后》获2016内蒙古戏剧曲艺节曲艺展演优秀剧目奖。

2018年，国家艺术基金资助项目——大型漫瀚调音乐剧《牵魂线》在哈尔滨参加第十三届全国优秀音乐剧目展演；8月参加第二届内蒙古地方戏曲优秀剧目展演暨第五届二人台艺术节获优秀剧目展演奖；12月参加2018戏曲百戏（昆山）盛典获展演奖，本人领衔主演。

2019年8月，参加第三届草原金秋全区声乐比赛荣获三等奖；同年10月，参加2019全旗少数民族干部培训班。

2020年10月，参加"乐享鄂尔多斯"草原音乐美食季"唱起草原的歌"声乐大赛获专业组三等奖。同年12月，在漫瀚调现代戏《山那边》，本人获第二届马兰花新人新作奖。

2021年9月，参加内蒙古优秀剧目展演活动，获优秀表演奖。

2022年9月，被命名为漫瀚调项目旗级第三批代表性传承人。

2023年5月，受邀参加中国民间文学大系出版工程举办的"唱着情歌去大理——中国民歌展演·云南大理情歌汇"。同年7月，参加内蒙古民歌大会获金奖、网络人气最高奖。同年10月，参加"草原金秋"第五届全区声乐比赛获二等奖。

张　燕

女，汉族，1990年8月出生于准格尔召镇。大专学历，准格尔旗乌兰牧骑漫瀚调演员。

2011年，参加全市农牧民社区文艺汇演，《齐心协力建国家》获创新节目二等奖。同年参加首届全旗农牧民社区文艺汇演，漫瀚调独唱《齐心协力建国家》节目表演奖。

2012年，参加第六届中国·准格尔漫瀚调艺术节，获声乐一等奖。同年参加蒙晋陕民歌友谊联赛，获二等奖。

2014年，参加"霍金城杯"康巴什新区第四届青年歌手大赛三等奖。同年获第五届北京国际电子音乐节非物质文化遗产原生态传承贡献奖。同年参加内蒙古自治区成立65周年"草原情中国梦"国庆晚会。

2015年，获伊金霍洛旗首届"唱响鄂尔多斯"民歌大赛一等奖；

2019年，参加全国群星奖上海演出，情景表演唱《美好家园人情厚》获第十二届中国艺术节第十八届群星奖。

2021年，参加鄂尔多斯花季旅游·春季赏花踏青暨"高原杏花开 春满准格尔"第六届乡村旅游杏花季活动专场晚会演出。同年参加鄂尔多斯四季赏花·春季赏花踏青暨全市乌兰牧骑优秀剧（节）目展演活动，及漫瀚调主题晚会《黄河岸边漫瀚歌》。同年参加"奋斗百年路 启航新征程"——"永远跟党走"准格尔旗2021庆"七一"主题晚会。同年参与内蒙古自治区专业合唱团比赛，获三等奖。同年，漫瀚调现代戏《山那边》参加"2021年内蒙古自治区优秀剧目展演月"活动获金奖。同年，荣获全区第四届"草原金秋"声乐比赛二等奖。

2022年参与大型漫瀚调交响《温暖几字弯》合唱。同年，漫瀚调现代戏《山那边》荣获内蒙古自治区"五个一工程奖"。

2022年9月，被命名为漫瀚调项目旗级第三批代表性传承人。

2023年，参加内蒙古民歌大会，漫瀚风组合《黄河情》荣获一等奖、网络人气最高奖。

李治成

男，汉族，1984年5月出生于达拉特旗，2006年7月毕业于内蒙古民间艺术学校。2011年10月至今在准格尔旗乌兰牧骑工作，国家三级演员。

2009年9月，参加第五届中国·准格尔漫瀚调艺术节漫瀚调歌手大奖赛，获演唱类二等奖。

2010年9月，参加"宝鑫聚泰杯"鄂尔多斯首届歌手电视大奖赛，获民族唱法二等奖。

2011年，代表鄂尔多斯市参加内蒙古青年歌手大奖赛，获得团体金奖，同年参加"黄河情韵"大型民歌演唱会，于人民大会堂进行演出。

2013年6月，在全市专业团体文艺汇演中漫瀚调歌舞戏《漫瀚情缘》获创作奖，无伴奏合唱《眊妹妹》获表演奖，歌舞《天下黄河》获表演奖。同年8月参加内蒙古首届中西部民歌大赛，获优秀奖；参加"青山杯"第四届中国·呼和浩特二人台、民歌大赛，获民歌表演三等奖。

2014年8月首部漫瀚调音乐剧《海红酸海红甜》中饰演主要角色"刘大头"，该作品在内蒙古第三届二人台艺术节获二等奖和创新奖。

2015年8月，参加首届全国少数民族优秀声乐作品展演。同年9月在第三届内蒙古戏剧"娜仁花"奖评比中获表演奖。

2013—2015年，连续参加鄂尔多斯市春节联欢晚会，连续参加第十届、第十一届、第十二届草原文化节优秀剧（节）目展演、全市道德模范巡演、历届中国·准格尔漫瀚调艺术节等大型演出。

2016年12月，漫瀚调音乐剧《牵魂线》在第二届全市专业团体文艺汇演获一等奖，本人在剧中分别扮演老者、醉汉、男甲和群众甲。

2018年12月，参加戏曲（昆山）盛典演出。

2019年，参加全区"金秋草原"声乐比赛，获三等奖。

2020年9月，在"国家安全在身边"乌兰牧骑节目展示活动中获优秀奖。同年10月，参加乐享鄂尔多斯——"唱起草原的歌声"乐大赛获三等奖。

2021年10月，参加第四届"草原金秋"全区声乐比赛获二等奖。同年12月，参加第四届阳台山全国实景山歌大赛，获"山歌王"称号。

2022年9月，被命名为漫瀚调项目旗级第三批代表性传承人。

李智慧

女，汉族，1987年6月出生，现供职于准格尔旗乌兰牧骑，国家二级演员。

2009年9月，参加首届内蒙古二人台艺术节优秀剧（节）目展演，小戏、小品、表演类节目《夕阳红》获二等奖。

2011年9月，参加第二届内蒙古戏剧"娜仁花"奖评比，《打金钱》获银奖。

2015年6月，参加内蒙古自治区小戏小品（汉语）大赛，小品《手机惹的祸》获一等奖。

2016年9月，参加内蒙古戏剧曲艺节曲艺展演，小品《拆迁之后》获最佳表演奖，《海红酸海红甜》获个人表演优秀奖。同年12月，参加鄂尔多斯市第二届专业艺术团队文艺汇演，主演的漫瀚调音乐剧《黄河水绕着准格尔流》《牵魂线》获金奖、个人表演奖。

2017年、2018年，主演的漫瀚调音乐剧《牵魂线》（国家艺术基金资助项目），在包头、乌海、呼和浩特、朔州、太原、哈尔滨等地巡演，并在第十三届全国

好声音展演暨全国优秀音乐剧展演中，获优秀剧目奖。

2018年8月，参加第二届内蒙古地方戏曲优秀剧目展演暨第五届二人台艺术节，获个人优秀表演奖；同年9月获首届鄂尔多斯市"马兰花"文艺新人新作奖戏剧曲艺类个人奖；同年12月在江苏省昆山市获戏曲百戏（昆山盛典）《海红酸海红甜》《牵魂线》主演突出贡献奖。

2019年7月，《牵魂线》荣获内蒙古自治区"五个一工程"奖。

2020年1月，获内蒙古自治区第十二届艺术"萨日娜"个人戏剧类表演奖；同年9月主演的漫瀚调音乐剧《牵魂线》获第三届内蒙古地方戏优秀剧目暨沿黄省区地方戏展演最佳表演奖。

2022年9月，被命名为漫瀚调项目旗级第三批代表性传承人。

张丽霞

女，汉族，1988年12月出生于山西偏关。2007年7月毕业于山西省忻州市文化艺术学校。现供职于准格尔旗乌兰牧骑，国家二级演员，鄂尔多斯市戏剧家协会会员，鄂尔多斯市曲艺家协会会员。曾参加内蒙古春晚录制，参加拍摄本土微电影《暖房》《双满意》《二道圪梁》《村民说事》等。

2011年，参加忻州市首届梨花奖"吴家庄杯"舞台艺术大赛，小戏《捏软糕》获一等奖。

2012年，参加忻州市舞台艺术大赛，《借钱》获表演二等奖。

2013年8月，参加"青山杯"第四届中国·呼和浩特二人台民歌大赛，获二人台表演一等奖。同年在全市专业文艺汇演中，《眊妹妹》获表演奖。

2014年8月，《海红酸海红甜》在第三届内蒙古二人台艺术节优秀剧（节）目展演中获优秀表演奖。同年6月，小品《夫妻学报告》获内蒙古西部盟市小戏小品大赛小戏类表演奖和优秀奖。

2015年，在内蒙古自治区小戏小品大赛中，小品《手机惹的祸》获一等奖。

同年，获第十二届中国内蒙古草原文化节小戏小品个人表演奖。同年9月，参评第三届内蒙古戏剧"娜仁花"奖，获观众最喜爱演员奖，小戏《幸福全覆盖》获"娜仁花"金奖。2015年大型漫瀚调音乐剧《海红酸·海红甜》参加草原文化节全区巡回演出。

2016年，参加第二届全市专业艺术团队文艺汇演获得金奖。漫瀚调音乐剧《海红酸海红甜》获2016内蒙古戏剧曲艺二等奖和表演优秀奖。

2017年，受邀去印尼参加了波罗浮屠国际艺术节，表演漫瀚调《二道圪梁》。同年10月受邀去香港参加中华汉服中秋晚会。同年参加晋冀陕蒙二人台大赛，获一等奖。

2018年，国家艺术基金资助项目大型漫瀚调音乐剧《牵魂线》在哈尔滨参加第十三届全国优秀音乐剧目展演。6月，参加全区第二届汉语小戏小品大赛《以病治病》获优秀奖，《压糕面》获表演奖。8月参加第二届内蒙古地方戏曲优秀剧目展演暨第五届二人台艺术节，获优秀剧目展演奖。12月参加2018戏曲百戏（昆山）盛典获展演奖。同年，新编二人台小戏《寻找老扶贫》参加第四届全国二人台艺术交流展演，获一等奖。

2019年8月，受邀参加第41届中日青年友好交流活动。

2021年，参加内蒙古自治区优秀剧目展演，《山那边》获个人表演奖。

2022年9月，被命名为漫瀚调项目旗级第三批代表性传承人。

2023年，新创漫瀚调曲目《黄河情》获金奖和网络人气最佳奖。同年，主演漫瀚调音乐剧《同心记》，参加第十二届内蒙古草原文化节优秀剧目展演暨巡演。9月参加菊苑流芳——第八届辽吉黑蒙四省区地方戏曲优秀剧目展演，获个人表演奖。同年，全区妇联系统优秀普法作品——小品《带货风波》获二等奖。同年，参加第五届草原金秋内蒙古自治区声乐比赛，《漫瀚调唱出石榴情》获二等奖。

张春生

男，汉族，1982年1月出生，2006年毕业于山西戏剧职业学院竹笛专业，

本科学历。现供职于准格尔旗乌兰牧骑，国家一级演奏员，副高级职称，中国民族管弦乐协会竹笛专业委员会会员、内蒙古曲艺家协会会员、鄂尔多斯市曲艺家协会理事。曾录制《二人台曲牌》《中国北方民间吹打乐》《山西四大梆子交响演唱会》《准格尔漫瀚调精选》《中国音乐地图听见山西》等作品。

2004年10月，参加山西省首届器乐电视大赛，笛子独奏《大青山下》获专业组二等奖。

2005年1月，参加中国青少年精品艺术展示活动系列山西选区十佳奖（笛子组第一名）。

2008年9月，参加"中国滨州·博兴国际小戏艺术节"，二人台现代小戏《九品官上树》获最佳伴奏奖。

2013年7月，参加中国·呼和浩特第四届二人台艺术节，笛子演奏《五梆子》获器乐独奏二等奖。

2015年9月，参加内蒙古第三届戏剧"娜仁花"奖，伴奏的小戏《幸福全覆盖》获金奖。

2016年9月，受邀参加秦晋蒙冀四省区二人台大赛，器乐合奏《八板》获器乐最佳演奏奖。

2017年，受邀参加印度尼西亚第七届波罗浮屠国际艺术节。

2019年6月，受中国民族管弦乐学会邀请在中国音乐学院参加中国西部音乐风格研讨并在中央人民广播电台录制西部音乐。

2022年7月，获第五届中国黄河流域戏剧红梅大赛总决赛一等奖。同年9月，被命名为漫瀚调项目旗级第三批代表性传承人。

2023年，在内蒙古"民歌大会"比赛中，荣获原生态组一等奖，网络人气最高奖。

周展申

男，汉族，1985年7月出生于准格尔旗魏家峁镇，本科学历，国家三级

演奏员。多次参加鄂尔多斯市及周边地区文艺演出与比赛活动并多次获得奖项。

2003年8月，参加第三届中国·准格尔漫瀚调艺术节，获个人优秀奖、器乐合奏一等奖。

2008年7月，参加奥林匹克国际旅游文化艺术展演，获内蒙古赛区青年组竹笛类金奖。

2009年8月，参加陕西省神木县第三届艺术节，获演奏二等奖。

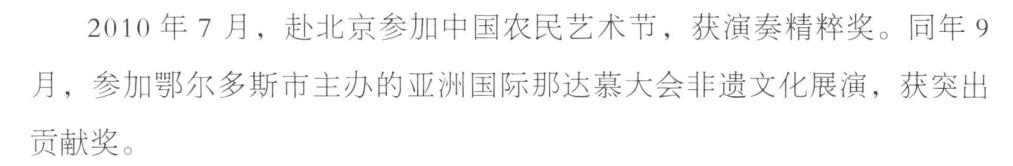

2010年7月，赴北京参加中国农民艺术节，获演奏精粹奖。同年9月，参加鄂尔多斯市主办的亚洲国际那达慕大会非遗文化展演，获突出贡献奖。

2012年8月，参加第六届中国·准格尔漫瀚调艺术节，获器乐类一等奖。

2014年9月，参加第十五届北京国际电子音乐节获优秀非遗传承奖。

2016年8月，赴兰州市参加"国家级非物质文化遗产项目（音乐类）甘肃省交流巡演音乐会"。

2017年7月，为来自西方17个国家的艺术家作漫瀚调专场汇报演出。

2019年，参加中国第十八届群星奖，获决赛入围奖。

2022年9月，被命名为漫瀚调项目旗级第三批代表性传承人。

李 欢

男，汉族，1994年6月出生，2019年7月毕业于内蒙古艺术学院，漫瀚调歌手、乐手。

2015年，参加"歌从草原来"2015鄂尔多斯民歌大赛，获漫瀚调组优秀奖。

2016年，参加准格尔美丽乡村歌手大赛，获民歌组优秀奖。

2017年，参加第八届中国·准格尔漫瀚调艺术节，获三等奖。

2019年，参加准格尔旗漫瀚调器乐大赛，获器乐类一等奖。

2022年9月，被命名为漫瀚调项目旗级第三批代表性传承人。

刘混祥

男，汉族，1968年7月出生于山西省偏关县，从小喜欢民族乐器，现为昶旭煤矿工人，漫瀚调乐手。

2014年，参加"爱我鄂尔多斯"全市第二届农牧民文艺汇演，《漫瀚调琴韵》获铜奖，《漫瀚调调唱家乡》获金奖。

2015年，参加第七届中国·准格尔漫瀚调艺术节，获器乐类一等奖。

2016年，应邀参加首届鄂尔多斯文化遗产博览会非遗展演展示，获鼓励奖。

2019年，参加"漫瀚儿女心向党、七十华诞颂祖国"漫瀚调器乐大赛，器乐获二等奖。

2022年9月，被命名为漫瀚调项目旗级第三批代表性传承人。

潘铁良

男，汉族，1970年5月出生于准格尔旗薛家湾镇柳树湾村，漫瀚调歌手、乐手。

1997年，参加首届中国·准格尔漫瀚调艺术节，获声乐、器乐大赛优秀奖。

2012年，参加第六届中国·准格尔漫瀚调艺术节，获乐器比赛三等奖。

2017年，参加第八届中国·准格尔漫瀚调艺术节，获器乐比赛三等奖。

2022年9月，被命名为漫瀚调项目旗级第三批代表性传承人。

杨海清（杨霸住）

男，汉族，1955年1月出生于准格尔旗德胜西。从事漫瀚调器乐演奏活动。

1994年，同郭立民、苏永江、刘新民参加伊克昭盟"乌金杯"演唱演奏比赛，获二等奖。

1996年，同郭立民、苏永江、刘新民参加晋陕蒙五旗县演唱演奏比赛，获二等奖。

1997年，参加首届中国·准格尔漫瀚调艺术节，获四块瓦演奏特别奖。

2006年，参加第四届中国·准格尔漫瀚调艺术节器乐大赛，获二等奖。

2008年，参加内蒙古电视台《西口风》栏目录制。

2009年，参加第五届中国·准格尔漫瀚调艺术节器乐大赛，获二等奖。同年代表鄂尔多斯参加内蒙古电视台全区职工文艺汇演。

2010年，参加鄂尔多斯国际那达慕非遗展演活动，四块瓦和扬琴演奏受到好评。

2012年，参加第六届中国·准格尔漫瀚调艺术节器乐大赛，获二等奖。同年获鄂尔多斯电视台舞台大赛器乐赛特别奖。

2019年，参加准格尔旗器乐大赛，扬琴独奏获二等奖。

2022年9月，被命名为漫瀚调项目旗级第三批代表性传承人。

张七斤

男，汉族，1956年2月出生于准格尔旗薛家湾镇。民间乐手。

2017年，参加第八届中国·准格尔漫瀚调艺术节器乐比赛，三弦演奏获二等奖。

2018年，参加"首届鄂尔多斯市农牧民文艺汇演"，器乐合奏《五梆子》获优秀表演奖。

2019年，参加"第二届鄂尔多斯市农牧民文艺汇演"器乐合奏《八板》

获优秀表演奖。同年，三弦演奏获第十二届中国艺术节暨第十八届群星奖。

2020年，参加庆祝中国农民丰收节暨全区第三届农牧民文艺汇演，三弦演奏获最佳节目奖。同年，参加"弘扬非物质文化遗产·畅响新时代陕北民歌"2020年晋陕蒙三省区擂台赛，三弦演奏获二等奖。

2022年9月，被命名为漫瀚调项目旗级第三批代表性传承人。

鲍 欢

男，1961年9月出生于准格尔旗哈岱高勒乡哈岱高勒乡。

2017年，参加第八届中国·准格尔漫瀚调艺术节，获器乐比赛一等奖。

2019年，参加准格尔漫瀚调器乐比赛，获一等奖。

2022年9月，被命名为漫瀚调项目旗级第三批代表性传承人。

鲍建栋

男，汉族，1991年12月出生于准格尔旗哈岱高勒乡，中专学历。擅长器乐演奏。

2015年，参加第七届中国·准格尔漫瀚调艺术节，获器乐比赛二等奖。

2018年，参加第八届中国·准格尔漫瀚调艺术节，获器乐比赛一等奖。

2019年，参加准格尔旗漫瀚调器乐比赛，获一等奖。同年，参加全国第十八届群星奖，决赛作品《美好家园人情厚》获入围奖。

2022年9月，被命名为漫瀚调项目旗级第三批代表性传承人。

常海宾

男，汉族，1983年1月出生。准格尔旗乌兰牧骑三级演奏员（扬琴）。

2018年至今为准格尔旗职业中学聘用扬琴教师。

2006年8月，参加中国内蒙古第三届国际草原文化节暨首届鄂尔多斯国际文化节专业文艺调演，在作品《漫瀚情歌》中担任扬琴演奏，获优秀新剧目奖。

2007年10月，参加鄂尔多斯市迎接内蒙古自治区成立60周年大庆晚会，获优秀表演奖。同年12月参加中国原生态民歌大赛（陕西西安·2007）获得金奖。

2017年6月，赴印度尼西亚参加第七届波罗浮屠国际艺术节。

2018年11月，参加第三届鄂尔多斯成吉思汗"神韵杯"传统民乐大赛，获铜奖；同年12月，参加戏曲百戏（昆山）盛典展演。

2019年8月，参加中国滨州·博兴非遗（稀有）小戏展演。

2021年7月，参加齐鲁器乐大赛获得一等奖。

2022年9月，被命名为漫瀚调项目旗级第三批代表性传承人。

戚万治

男，汉族，农民，初中文化，1950年3月出生于准格尔旗马栅公社公盖梁大队。9岁开始自学拉四胡、枚，演奏代表曲目有：《五邦子》《大柳树下育新人》《扬鞭催马运粮忙》，二人台牌子曲《八板》《推碌碡》等。参加过人民公社、生产队红色文艺宣传队演出（四胡、枚演奏）。改革开放后组建"民间文艺演出队"和"郭、苏、刘"班子合作。

1973—1978年，在马栅文艺队工作。

1981—1983年，在准格尔旗乌兰牧骑（四胡、枚演奏）工作。

1987—1997年，在榆树湾硫磺厂工作。

1997—2011年，在准格尔旗漫瀚调艺术团（四胡、枚演奏）工作。

2003年、2006年，分获第三届、第四届中国·准格尔漫瀚调艺术节器乐类比赛二等奖。

2009年，获第五届中国·准格尔漫瀚调艺术节器乐类一等奖。

2018年12月，参加内蒙古自治区第二届群星奖比赛。

2019年5月，参加国家文化和旅游部、上海市人民政府主办的第十八届群星奖决赛，由内蒙古自治区文化和旅游厅、鄂尔多斯市文化和旅游局选送，准格尔旗文化馆表演的漫瀚调情景表演唱《美好家园人情厚》成功晋级全国决赛，成为音乐类21强之一，也是自治区唯一入围的音乐作品。

2022年9月，被命名为漫瀚调项目旗级第三批代表性传承人。

马国辉

男，汉族，1984年5月出生于乌兰察布市察右前旗，2004年7月毕业于内蒙古自治区艺术学校，国家二级四胡演奏员，2003年6月至今在准格尔旗乌兰牧骑工作。

2007年7月1日，参加内蒙古自治区成立60周年大庆，四胡演奏获优秀表演奖。同年12月1日，参加中国原生民歌大赛陕西省2007民歌大赛，担任四胡伴奏。

2010年12月1日，参加首届鄂尔多斯市"方圆置地"杯青少年民族器乐大赛，合奏组获二等奖

2013年6月1日，参加2013年全市专业艺术团队文艺汇演，担任四胡演奏获表演奖。

2013年8月1日，参加"青山杯"第四届中国·呼和浩特二人台、民歌大赛，器乐演奏获二等奖。

2016年9月1日，参加"舞动艺术节 共享中国梦""秦晋蒙冀"四省区二人台优秀剧目展演，器乐合奏《八板》获最佳演奏奖。

2016年10月，参加"感动中国·2016群众文化艺术周暨'群文杯'器乐比赛"获金奖。

2017年1月，漫瀚调音乐剧《海红酸海红甜》获优秀剧（节）目展演二等奖（在剧中担任四胡演奏）。

2018年8月，音乐剧《牵魂线》入选参演由中华人民共和国文化和旅游部、哈尔滨市人民政府主办的全国优秀音乐剧展演（在剧中担任四胡演奏）。

2018年11月，第三届成吉思汗《神韵杯》鄂尔多斯传统民乐大赛，乐器演奏获铜奖。

2019年8月，准格尔旗乌兰牧骑演出的小戏《漫瀚情缘》参加中国文联戏剧艺术中心主办的"2019中国滨州·博兴非遗（稀有）剧种小戏展演"活动，《漫瀚情缘》获优秀展演剧目奖（在剧中担任四胡演奏）。

2020年9月，内蒙古地方戏优秀剧目《牵魂线》获最佳剧目奖（在剧中担任四胡演奏）。同年10月，参加"乐享鄂尔多斯"草原音乐美食季"唱起草原的歌"器乐大赛，《西江月》演奏获三等奖。

2021年10月，参加第四届"草原金秋"全区声乐比赛，《漫瀚风组合》获组合组二等奖。

2022年7月，参加第五届中国（黄河流域）戏剧红梅大赛，四胡演奏获一等奖、伴奏奖。

2023年5月，参加中国民间文学大系出版工程领导小组办公室、中国民间文艺家协会、云南省文学艺术界联合会、大理白族自治州人民政府共同主办的"云南大理情歌会"。

2022年9月，被命名为漫瀚调项目旗级第三批代表性传承人。

第二节　自治区级非物质文化遗产项目传承人

一　民族习俗

·油松王祭祀项目传承人

1. 油松王祭祀项目旗级传承人

云达赖

男，蒙古族，1971年6月出生，2023年去世。初中文化，职业喇嘛，佛教经头。

1971—1987年在家当牧民。

1988—1990年在鄂托克旗喇嘛庙出家。

1991—1996年在伊金霍洛旗新庙为僧。

1997—2012年在准格尔旗松王寺当喇嘛学佛。

张苟小

男，汉族，1963年4月出生于准格尔旗窑沟乡百草塔村。2009年被命名为油松王祭祀项目旗级传承人。

2001年之前在准格尔旗窑沟乡百草塔村工作。

2001年7月到准格尔旗羊市塔乡油松王景区接待站工作。

·准格尔召经会（查玛舞）项目传承人

1. 准格尔召经会（查玛舞）项目旗级传承人

李加东智（释迦比丘阿旺席热）

男，藏族，1971年6月出生，寺庙住持。13—27岁先后在化隆县赛旨寺、塔尔寺、兴海县赛宗寺释、土哇寺、夏琼寺等寺庙听受《皈依法》《无缘经》

等经典学科及经典传承。并聆受了如《大威学德金刚》灌顶和《诸多护法神》等随许法。

1971年6月7日生于青海省化隆县金源乡恰加村，取名：李加东智。11岁在土哇寺开始学习藏文；13岁在德高望重的著名上师才旦夏茸·久美柔贝罗哲大师座前授居士戒；16岁在化隆县赛旨寺白月光活佛足下剃度出家授沙弥戒，赐法号阿旺席热；20岁在兴海县赛宗寺拜亥什扎活佛为师。

2001年在准格尔召（宝堂寺）与上师共同担任寺院维修，同时学习医术；2003年至今在宝堂寺管理委员会任主任兼住持。为准格尔召经会（查玛舞）项目旗级传承人。

作　追（阿旺宗智）

男，藏族，1973年6月出生。黄衣喇嘛教格鲁派喇嘛，经头。技艺特长：领颂师、查玛舞、手工艺。

1983—1989年，塔加寺出家、学习。

1989—1993年，塞池寺进修。

1993—1999年，塔尔寺学习。

1999年到准格尔召宝堂寺。

2009年12月被命名为准格尔召经会与查玛舞项目旗级传承人。

普化杰（多杰才旦）

男，藏族，1975年2月出生，高中文化，黄衣喇嘛教格鲁派喇嘛。技艺特长：手工艺、查玛舞、药剂师。

1981—2002年到文都大寺出家。

2002—2010年在塞池寺进修。

2010年到准格尔召宝堂寺。

2009年12月被命名为准格尔召经会项目旗级代表性传承人。

·灯游会项目传承人

1. 灯游会项目市级传承人

杨 云

男，汉族，中共党员。1934年5月出生于内蒙古清水河县，2012年7月病故。致力于准格尔旗教育文艺事业五十余年，多年从事领导工作，认真负责，吃苦耐劳，为弘扬准格尔旗优秀传统民族民间文化艺术做出了一定贡献。为灯游会项目市级传承人，准格尔传说故事项目、骡驮轿婚俗项目旗级传承人。

1955年毕业于呼和浩特师范学校，分配准格尔旗第四完小任教。

1962年调任共青团准格尔旗委任干事。

1966年任准格尔旗乌兰牧骑队长。

1978年任准格尔旗文化局副局长。

1990年任准格尔旗文联主席。

1993年退休。1996—1997年在准格尔报社协助收集整理资料。

1998年8月，获得准格尔旗文联"金杯"文艺奉献奖。

刘玉印

男，汉族，1946年5月出生。大专文化。

从事地方群众文化工作近40年，多年担任文化馆、文物馆馆长等职。为灯游会项目和油松王祭祀项目市级传承人。

1963年参加工作；1964年调入歌剧团，负责舞台布景。

1965年调入准旗电影公司,任第四放映队队长,曾参加全区幻灯汇演,并评为"区级优秀电影工作者",后调入准旗电影院任院长,曾获得"市级先进工作者"。

1976年调准旗工艺美术社任社长,所做产品"皮毛动物"参加全国产品展销会,并销售到山西、陕西等地。

1983年调入准旗文化馆任馆长,同年被评为市级先进工作者,并参加全区"以文补文"先进工作者会议。

1987年调入准旗文物馆任馆长,期间编写了《准格尔旗文物志》。

2002年提前退休。

2007年6月被命名为灯游会项目市级代表性传承人。

2.灯游会项目旗级传承人

吕建议

男,汉族,1960年8月出生,2009年12月被命名为灯游会项目旗级传承人。

1993—2003年,在蓿亥图乡广播站工作。

2005年撤乡并镇后,在蓿亥图村自办广播电视传输工程,为当地群众提供电视维修和有线电视信号服务。

2006年至今从事流动电影放映和户户通维修工作。

一直热爱并积极组织开展各项群众文化活动,从2000年跟随刘玉印老师学习搭建"九曲黄河阵",并独自完成历年十二连城乡政府广场大型灯游会活动"九曲黄河阵"的布阵工作。

刘继成

男,汉族,1979年11月出生,准格尔旗文化馆干部,第二批非物质文化遗产灯游会项目旗级传承人。

1995—1999 年内蒙古艺术学校学习。

2000 年至今准格尔旗文化馆工作，期间 2006—2009 年内蒙古大学公共管理学院脱产学习。

从 2000 年开始参与每年元宵节灯游会的灯城搭建和下基层指导搭建工作。

二　民间文学

·准格尔传说故事项目传承人

1. 准格尔传说故事项目自治区级传承人

张俊廷

男，汉族，1944 年 12 月出生，2022 年 12 月病故。大学本科，中学语文高级教师。

1953—1968 年先后在伊金霍洛旗、准格尔旗、东胜、通辽上小学、初中、高中、大学；1968—2005 年先后在准格尔旗三中、准格尔旗二中、沙圪堵第二学校、准格尔旗一中、准格尔旗教育局、准格尔煤田一中、准格尔煤田教育处从事教育教学工作。2005 年退休。

从小喜欢听民间传说、故事、笑话，工作以后平时将听到的传说、故事、笑话抄录在卡片或笔记本上，上班时由于教学工作忙碌，无暇整理出版，退休后，将大量时间用于民间故事和鄂尔多斯笑话的搜集、整理、出版。主编的作品有：《准格尔旗民间故事》《准格尔民间故事》《准格尔剪纸》《准格尔旗一中 50 周年校庆丛书》（6 册）等。作品有：《新名贤集》《教海悟道》《鄂尔多斯笑话》（2—6 卷）、《鄂尔多斯笑话》（精华版）、《鄂尔多斯笑话》（杨三换专辑）、《准格尔揽胜》《鄂尔多斯笑话集成》等。参与编写的作品有：《中国西部散文百家》（上、下）（编委）、《内蒙古 60 年散文选》（编委会副主任)、《准格尔旗人物志》(特邀编辑)、《三中情结》等。

2008年1月加入内蒙古作家协会。

2009年6月被命名为准格尔传说故事项目自治区级代表性传承人。

2010年10月被选为准格尔旗民间文艺家协会主席。

2012年10月加入内蒙古民间文艺家协会,2012年被命名为准格尔传说故事项目旗级传承人。

2018年10月选为鄂尔多斯市民间文艺家协会理事。

2. 准格尔传说故事项目市级传承人

王　拴

男,汉族,1956年3月出生在准格尔旗暖水乡圪秋沟村。1976年7月毕业于伊克昭盟师范学校。1976年9月—1978年7月在东胜县潮脑梁学校任教。1978年9月—1980年4月在准格尔旗安定壕学校任教。1980年5月—2012年12月在准格尔旗国营果园工作。

自幼喜欢听民间故事,上中学期间,通过张俊廷老师的指点,开始收集民间故事。2013年1月退休后,和张俊廷老师合作编写出版了《准格尔旗笑话》。走访全旗十个苏木乡镇和鄂尔多斯部分地区,搜集、整理、出版了《准格尔旗风俗》《鄂尔多斯新时代笑话故事》《准格尔传说故事》《漫瀚调故事》等书。

如今利用快手平台直播准格尔传说故事和笑话,粉丝量达到6万余。

2010年6月被命名为准格尔传说故事项目市级代表性传承人。

三 传统音乐

· 准格尔蒙古族民歌项目传承人

1.准格尔蒙古族民歌项目自治区级传承人

王世清

男，蒙古族，1943年出生，多次参加市、旗级的文艺汇演或比赛。曾被评为准格尔旗漫瀚调"十大名人"之一。

2000年至今，担任准格尔旗原生态蒙古语合唱团团长。

2003年、2006年，分别参加准格尔旗第三届、第四届漫瀚调艺术节均获得三等奖；参加鄂尔多斯市第二届、第三届、第四届原生态蒙古语民歌大赛荣获合唱类优秀奖、一等奖、二等奖，演奏类一等奖、二等奖、三等奖。

2008年，被聘为准格尔旗漫瀚调艺术研究所顾问。2008年6月命名为漫瀚调项目旗级传承人。

2009年，录制发行准格尔蒙古民歌光碟。

2010年，参加"中国少数民族非物质文化遗产展"。

2018年4月第六批扩展命名为蒙古族民歌（准格尔民歌）项目自治区级传承人。

2.蒙古族民歌项目市级传承人

奇俊文

女，蒙古族，1949年3月出生在准格尔旗布尔陶亥蒙古族短调民歌世家。大专文化，执业医师。1965—1971年在包头市医学院学医。1971年至今从事个体门诊。1973年开始从事蒙古族民歌及漫瀚调演唱活动。现任鄂尔多斯原生态民歌（民乐）研究学会副会长，准格尔旗老年大学民族文化分校教务主任、漫瀚调传习所老师。

1982年，参加全区民歌调研演出，荣获二等奖。

1986年，获伊克昭盟首届业余歌手大奖赛三等奖。

1997年，获首届漫瀚调艺术节二等奖。

1998年，获晋陕蒙三省区八旗县二人台民乐演奏联谊赛三等奖。

2000年，获第二届漫瀚调艺术节二等奖。

2006年，准旗人民政府命名为全旗"漫瀚调十大名人"之一。

2009年，获第五届漫瀚调艺术节歌手三等奖。

2010年，被命名为首批旗级非遗蒙古族短调民歌代表性传承人；同年获鄂尔多斯市首届那达慕大会展演突出贡献奖。

2010年6月，被命名为漫瀚调项目市级代表性传承人。

2012年，被准格尔旗政府命名为非物质文化遗产"乡土拔尖人才"。

2014年，参加北京电子音乐节获特别传承贡献奖。

2015年，被评为准格尔"漫瀚调民歌十大名人"。同年被准旗文联评为"一旗一品"漫瀚调创建工作先进者。

2016年，被准旗文联授予金松奖。

2017年，获布尔陶亥苏木民歌传承一等奖。

2018年，获布尔陶亥苏木原生态歌曲传唱一等奖。

2019年，参加鄂尔多斯市冰雪节那达慕大会获演出一等奖；同年受到了市、旗政协和民委的慰问；同年受内师大邀请参加特邀赛荣获二等奖。

近年来，受到中央电视台采访并作了"蒙汉一家亲"专题报道，先后参加了自治区、包头市和鄂尔多斯市的春晚节目，以及鄂尔多斯婚礼文化节、草原文化节；多次参加"那达慕""乌仁唐奈"、三下乡、访问孤寡老人、进校园演出，并录制了多部纪录片光盘。组织学员参加大中小型演出活动300余场。

王玉花

女，蒙古族，1947年3月出生，初中文化。1963—1980年在布尔洞沟乡石窑沟村务农，期间向前辈学唱蒙古族民歌。1980—1999年在沙圪堵镇工作，期间向民间艺人学习演唱技艺。

1999年至今参加准旗原生态蒙古语合唱团演唱。

2003年，获内蒙古沙圪堵开发区迎国庆"人寿保险"开发热土文艺大奖赛声乐组优秀奖；同年获第三届漫瀚调艺术节漫瀚调歌手、器乐大奖赛（演唱组）优秀奖。

2006年，获第四届漫瀚调艺术节"生力杯"漫瀚调歌手、器乐大奖赛（演唱类）三等奖。

2008年，成为内蒙古"乌仁堂奈"民间艺术协会会员。

2010年6月，被命名为准格尔蒙古族民歌项目市级代表性传承人。

2012年，被命名为准格尔蒙古族民歌项目旗级代表性传承人。

2014年，荣获第十五届北京国际电子音乐节非物质文化遗产原生态音乐传承突出贡献奖。

参加了由准格尔旗民族事务局组织的鄂尔多斯市第二、三、四届原生态蒙古语民歌大赛合唱，获得一、二、三等奖（集体奖）。参与录制了准格尔旗原生态蒙古族民歌光盘（五辑）。

郝瑞兰

女，蒙古族，1954年6月出生，民间歌手。1976年9月—1984年7月在准格尔旗西营子乡供销社工作。1984年7月—1998年12月在准格尔旗供销社工作。1998年12月退休。

1999年9月加入准格尔蒙古民歌演唱团。

2006年荣获第四届漫瀚调艺术节"生力杯"漫瀚调歌手、乐器大奖赛（声乐）三等奖。

2008年8月被乌仁堂奈民间艺术协会吸收为会员。

2010年6月被命名为市级非遗蒙古族民歌项目传承人。

2014年荣获第十五届北京国际电子音乐节非物质文化遗产原生态音乐传承突出贡献奖。

2016年8月参加首届鄂尔多斯市文化遗产博览会非遗展演展示荣获突出表现奖。

3. 蒙古族民歌项目旗级传承人

韩福海

蒙语名：巴音达赖。男，蒙古族，1953年10月出生于布尔陶亥，中共党员，大专学历，教师，现住准旗准格尔召村。

2008年，元宵节获得旗级秧歌表演三等奖。

2009年12月，被命名为准格尔蒙古族民歌（乐器）旗级传承人。

2011年，首届全旗农牧民文艺汇演，小品《借钱》荣获集体奖，当年获得市级三等奖。

2011年，被评为准格尔召镇民间艺术团个人优秀奖。

2014年，荣获亿利金威社区建党93周年"唱响中国梦"文艺汇演二等奖。

2015年，荣获鄂尔多斯"百姓春晚"最美形象称号。

2019年参加"漫瀚儿女心向党·七十华诞颂祖国"演出荣获优秀奖。

20世纪80年代开始收集、研究、翻译准格尔蒙古族民歌、漫瀚调历史故事、二人台牌子曲以及二人台歌谱原生态经典，并准备出版。近年来，编写了歌剧《梦在草原》，小戏《移民新村》，小品《抗疫情》等作品。

萨格莎（付秀珍）

女，蒙古族，1948年1月出生，内蒙古乌仁堂奈民间艺术协会会员。

从小酷爱演唱，声音洪亮，清脆。起初受奶奶的熏陶，跟她一起学习蒙古族民歌。结婚后丈夫会乐器，夫拉妇唱，演唱水平有了很大进步。后来与好朋友内蒙古民间演唱艺术大师、鄂尔多斯蒙古短调传承人哈勒珍多次学习交流演唱技艺，与内蒙古乌仁堂奈民间艺术协会的会长德力格尔学习演唱蒙古民歌的技巧，与精通蒙古语的老师弓赛音吉雅学习，熟练掌握了蒙古族民歌。现在经常在社区、活动中心为广大爱好文艺的年轻人教唱、辅导蒙古族短调民歌。

1965—1998年，参加个人组织的蒙古曲演唱，也参加婚礼演唱。

1998年至今，一直参加准格尔旗老干部局组织的蒙古族民歌艺术团。

2003年，获得第三届漫瀚调艺术节歌手、器乐优秀奖；同年参加内蒙古沙圪堵开发区"人寿保险杯"开发热土文艺大奖赛，获得优秀奖。

2009年被命名为准格尔蒙古族民歌项目旗级传承人。

2014年获得沙圪堵"漫瀚情·爱我家乡"文艺汇演二等奖。

塞米德格

女，蒙古族，1964年7月出生于伊金霍洛旗霍洛苏木石板台嘎查四社，现居于准格尔召镇准格尔召村召东社。高中文化，农民、民间歌手。

以演唱准格尔蒙古族民歌和蒙古族音乐风格的歌曲为主。音域宽广，声音洪亮，音质纯净，演唱富有激情，农闲时间与韩福海老师请教学习，提升自己的演唱技艺，积极参加准格尔召乡村乌兰牧骑的活动。

郝图娅

女，蒙古族，1973年10月出生。1993年始在准格尔旗税务局工作。蒙古族短调民歌手。

2018年8月，参加伊旗举办的全市婚礼音乐比赛获集体优秀奖。同年11月在包头举行的全区特色民歌比赛中获集体三等奖。

2019年7月，参加准格尔旗工会举办的民歌比赛获集体三等奖；同年8月参加达拉特旗举办的婚礼音乐比赛荣获集体三等奖。

2020年1月，参加全市冰雪那达慕民歌独唱比赛获二等奖；同年8月参加准格尔旗短调民歌录制。

钱　钧

男，蒙古族，出生于1961年10月，漫瀚调乐手。

2006年，参加第四届漫瀚调艺术节漫瀚调器乐大奖赛获三等奖。

2007—2008年，参加内蒙古"乌仁堂奈"民间艺术团春节联欢晚会。

2014年，参加沙圪堵镇"漫瀚情·爱我家乡"文艺演出，获器乐赛一等奖。

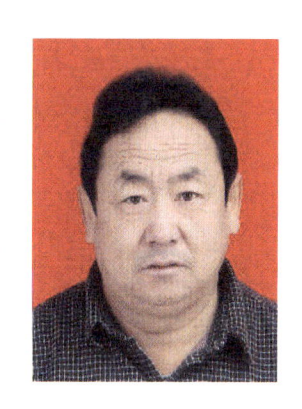

莎如拉

女，蒙古族，1964年3月出生。1984年12月—1986年12月，准格尔旗乌兰牧骑工作。1986年12月—2018年3月，准格尔旗史志办工作。

参与完成了准格尔旗民委组织录制的122首短调民歌任务；参与完成了由旗文化馆录制的10多首精品短

调民歌任务；参与完成了由旗文化旅游局、老年大学15首原生态民歌录制任务。独立完成了大型纪录片准格尔婚礼的音乐统筹。

杨四梅

女，蒙古族，1975年1月出生于布尔陶亥苏木蒿召赖嘎查。从小喜欢唱歌，一直传唱准格尔蒙古族民歌。曾经参加旗、市、自治区及邻近省市组织的文艺演出和比赛，并多次获奖，其演唱的准格尔蒙古族民歌演唱曲目被多家音像出版社录制成磁带、光盘发行，流传于周边省市，近年来培养了许多年轻准格尔蒙古族民歌爱好者。

2009年，参加第五届漫瀚调艺术节获演唱类三等奖。

2010年，《走进大戏台》荣获优秀奖。

2012年，参加第六届漫瀚调艺术节获演唱类二等奖。

2013年，荣获鄂尔多斯市民歌大赛民歌联唱第一名。同年获布尔陶亥第三届原生态文艺歌曲传唱汇演活动一等奖。

2015年，第七届漫瀚调艺术节获演唱类三等奖。

2017年，第八届漫瀚调艺术节获演唱类二等奖。

2018年8月，获鄂尔多斯市第七届婚礼文化日准格尔代表队优秀奖。

2019年陕北民俗文化"信天游"擂台赛个人三等奖。

杨文华

男，蒙古族，1955年5月出生。漫瀚调、蒙古族民歌乐手。从小喜欢音乐。退休后一直从事蒙古族声乐的学习和蒙古族曲调的翻译。

2013年10月，参加由准格尔旗文化广播电影电视局和漫瀚调艺术研究所器乐培训。

2017年，参加布尔陶亥草原文化节演出获得金马奖。

2019年6月，参加准格尔旗漫瀚调艺术研究所器乐培训。

四 传统技艺

·准格尔地毯植物染色技艺项目传承人

1. 准格尔地毯植物染色技艺项目自治区级传承人

王根凤

女，汉族，1955年6月出生，准格尔旗民族地毯厂技术工程师。

1975年6月—2001年7月在准格尔旗民族地毯厂工作。1978年6月被评为准格尔旗活染行业"技术工程师"；1986—1990年多次被准格尔旗民族地毯厂评为"先进工作者"；1989年7—9月被派往日本进行植物染色技艺展演；1992年6月被派往甘肃、宁夏等地地毯厂进行技术指导。

2003年10月—2010年5月在准格尔旗久荣地毯厂任染纱技术指导。2005年被准格尔旗久荣地毯厂评为"先进工作者"。

2009年6月被命名为第二批准格尔地毯植物染色技艺项目自治区级传承人。

2010年6月—2019年3月在家研究、整理植物染色的工艺流程；2019年4月—2023年12月在准格尔旗准利地毯有限公司任植物染纱技术指导。

从1975年开始学习研究植物染色，经过50年的不断实验，结合各种工艺流程，选取当地常见草木（红松皮、苦菜、臭蒿、核桃皮、橘皮等）反复试验，终于研制出了各种所需颜色的配方，掌握了完整的配方数据。该技艺采用纯天然植物为染色原料，工艺流程包括熬汤、配色、加料、控温、沸煮、出线、烘干等十几道工序，具有环保、健康、无公害、颜色纯正、色牢度高等特点。持有全套的植物染色配色配方和色线对照本，掌握完整的植物染色工艺流程，完整的植物染色原材料样本。

  2017年12月14日参加全市非物质文化遗产培训班。2018年8月12日参加准格尔旗那达慕大会的植物染色地毯的展览。2020—2022年连续三年在准格尔旗准利地毯开展了植物染色培训班。2023年6月份，分别在沙圪堵和准格尔召举办了2次植物染色宣传展示活动。2023年10月在内蒙古民族幼儿师范高等专科学院进行了植物染色的专题讲座。

2. 准格尔地毯植物染色技艺项目市级传承人

杨秀珍

女，蒙古族，1965年2出生，准旗民族地毯厂化验员。

1973—1979年在五字湾乡大石拉小学读书；

1979—1985年在准旗民族中学读书；

1986年5月进入民族地毯厂，11月分配染线化验车间，从师王根凤，主要学习和研究植物染色技艺。

2001年因转制下岗在家。继续传承该项技艺，现已有2名徒弟可以初步进行植物染色。

2010年6月，被命名为准格尔地毯植物染色技艺项目市级传承人。

潘金花

女，汉族，1966年7月出生。1983年10月进入准格尔旗民族地毯厂担任技术员，中途外派府谷哈镇担任技术指导。1989年12月在准格尔旗民族地毯厂跟随王根凤师傅学习植物染色化验。2001年民族地毯厂转制后自己设立染坊染色线，一直从事植物染色和技术研究指导至今。

2010年6月被命名为准格尔地毯植物染色技艺项目市级传承人。

通过30多年刻苦钻研，反复实践，能够熟练操作植物染色工艺流程，掌握了完整的配方数据，无论是在地毯厂还是自己设立化染坊，从工艺到配方自己都亲力亲为，严格把关，成品色线色泽鲜艳均匀，受到国内外用户好评。近年来自己还参加了全市非物质文化遗产培训班，准旗文旅局举办的非遗文化传承人培训班，提升非遗文化能力。

2018年8月，参加了鄂尔多斯那达慕大会为期15天的植物染色技艺展演。

2022年9月22—28日，组织有关专业技术人员应邀参加了市非遗中心展览馆地毯染色线和加工展品设计布展。

2023年6月，分别参与了在沙圪堵和西召开展的植物染色宣传展示活动。

3. 准格尔地毯植物染色技艺项目旗级传承人

杨礼锁

男，汉族，1963年8月出生，准格尔旗纳林兴业民族地毯厂植物染色师。

1987年参加工作，在准格尔旗纳林民族地毯厂办公室担任采购一职。1988年为学习和掌握一门传统技艺，主动调离办公室转至洗染车间学习植物染色技艺。2001年准格尔旗纳林民族地毯厂实行转制，同年下岗。2002年自主创业，成立了准格尔旗纳林兴业民族地毯有限责任公司，2005年度荣获旗级突出贡献企业及先进个人称号。

2009年12月，被命名为第二批准格尔地毯植物染色技艺项目旗级传承人。

2021年作品参加内蒙古自治区手工业展览会展览。2023年作品参加鄂尔多斯市农博会展览。

本项技艺是利用植物的天然色素作为染料，通过高温沸水将植物染料完全溶解后将羊毛线放置其中充分蒸煮直至上色。其技艺特点是纯天然染料、纯手工染色、不会对人体造成伤害。

屈青云

男，汉族，1971年8月出生，高中文化。

1987年10月—2001年，准格尔旗民族地毯厂从事染线化验工作，向王根凤老师学习植物、靛蓝的相关染色技艺。1990年8月被准格尔旗民族地毯厂评为"优秀技术员"。1991—1995年多次被准格尔旗民族地毯厂评为"先进工作者"。

2009年被命名为非遗准格尔地毯植物染色项目旗级传承人。

2018年与王根凤老师一起成功研制新形态的固体染料，从原有的液体染料变成了如今更好掌握配色比例的粉末染料，大大提高了色度的准确性。

经过30余年的不断实践与学习，结合工艺流程选取当地草本（苦菜、臭蒿、核桃皮、橘皮等）反复试验，终于配出各种颜色，掌握了每种原料的具体配方数据，取其精华使植物染色工艺更先进更具有民族特点。目前具有自治区境内唯一从事手工植物染色的作坊。

郝向荣

男，汉族，1974年8月出生，高中文化。

1993年10月—2001年7月在准格尔旗民族地毯厂工作。在厂工作期间，跟随王根凤师傅进行了植物染色的系统学习，并参与了大量的植物染色，以及成品检验。1999年，在师傅的带领下，去甘肃会宁县地毯厂进行了染色技术指导。

2001年7月之后自由择业。期间参加自治区民族工艺品展览会，参展作品获得奖项。

·陶瓷烧制技艺（粗瓷烧制技艺）项目传承人

1. 陶瓷烧制技艺项目市级传承人

王树兵

男，汉族，1965年11月出生，个体从业者。

家族几代人实践琢磨烧制瓷器，如瓮、罐、缸、盆、坛等粗瓷制品。

1980年3月—1982年12月跟随师傅学习粗瓷制作技艺。

1982年12月至今，制作瓷瓮、瓷坛、瓷盆、瓷管等各种粗瓷。

2004年6月，在准格尔旗暖水乡瓷窑塔学习引进新技术烧制耐火砖。

2005年5月，研究新产品瓷水管。

2015年5月，在山西省保德县陶瓷艺术厂学习。

2015年6月，被命名为粗瓷制作技艺项目市级代表性传承人。

2017年8月，在山西省吕梁市临县、晋中市、介休市陶瓷厂学习。

2023年6月，参加准格尔旗非物质文化遗产项目代表性传承人培训。

从1980年开始从事传统粗瓷烧制工作，40年来通过不断学习研究、掌握粗瓷的烧制工艺，烧制出了更符合现代生活的成品瓮、罐、大缸、中缸、小缸、盆、坛等20余种瓷器。现在樊家渠仍保留着唯一一座原始制作工艺的瓷窑。

2. 陶瓷烧制技艺项目旗级传承人

杨二喜

男，汉族，1951年9月出生于准格尔旗黄天棉图。曾获得准格尔旗创新能手、十佳主人翁、中国十大诚信英才、内蒙古民营经济杰出贡献人物、改革开放

30年内蒙古最具影响力企业家、全国煤炭工业综合利用与多种经营先进个人、鄂尔多斯市级劳模、自治区劳动模范等荣誉。

1969年6月—1984年5月，准格尔旗陶瓷厂工作，做瓷；1972年，陶瓷厂管理岗位工作；1983年，任陶瓷厂陶瓷技术员。

1984年5月—1993年1月，历任准格尔旗陶瓷厂厂长、内蒙古神山陶瓷集团董事长、总经理；1993年1月—1996年10月，任准格尔旗二轻工业集团总公司副总经理，内蒙古神山陶瓷集团董事长、总经理；1996年10月—1997年11月，任准格尔旗煤炭工业管理局局长、准格尔旗煤炭工业公司副总经理；1997年11月—2006年4月，任内蒙古伊东煤炭集团有限责任公司董事长、总经理、党委副书记；2006年4月—2011年8月，任内蒙古伊东煤炭集团有限责任公司董事长、党委副书记；2011年8月—2014年10月，任内蒙古伊东资源集团股份有限公司董事局主席、党委副书记；2018年12月任内蒙古伊东资源集团股份有限公司董事局主席兼总裁。

受父亲影响，几十年来从未放弃过陶瓷事业，虽然中途工作有过调动，但传承陶瓷文化的初心未改，并一直为陶瓷事业而奔忙。传承父辈传统手工业制作陶瓷工艺与技能，掌握了从人工开采原料，畜力车运到场地，驴拉碌碡碾压，加水成陈腐，人工踩压后，手工成型，干燥后施釉，再到用馒头窑加煤烧成的粗瓷生产工艺。参加工作后的几年中亲自参与了这一行业的生产、制作全过程及原料加工配方、成型、烧成等全面的技术与工艺。1988年，被市人事劳动局评定为陶瓷工程师。

在陶瓷厂工作27年，其中任厂长12年，学习和掌握了现代陶瓷生产新工艺、新技术，改变了传统手工作坊，开发了新的产品。

第三节 市级非物质文化遗产项目传承人

一 民族习俗

·准格尔传统饮食——"六六八八"项目传承人

1. 准格尔传统饮食——"六六八八"项目市级传承人

贺 林

男，汉族，1968年9月出生。准格尔旗绿色餐饮协会副会长，中国烹饪大师国家级技能竞赛裁判员。

1986—1993年，在内蒙古青城职业学校学习深造，在内蒙古电大食堂工作。

1993—1995年，在首都宾馆培训学习，并在山东"东方美食"学习深造。

1997—2002年，担任沙圪堵邮电宾馆总厨，开发当地民间乡土特色美食和民间"六六八八"美食。

2002—2017年，担任政府宾馆总厨，2007年自己创办北方厨艺培训，培训下岗职工、无业人员从事传统菜品的培训。

2019—2023年，担任准格尔石寨人家餐饮管理公司餐饮总监，准味和餐饮店、为老服务餐厅等店专门提供地方传统美食，"六六八八"的传承、开发和推广。

准格尔旗传统美食"六六八八"技艺特点与众不同，它与其他菜系、菜品区别很大，主要是选料讲究、刀工精细，配料巧妙，调味独特，精于应用火候，讲究盛装器皿。在制作方面使用传统的设施设备，用铁锅长时间加热，经过几道加工流程，再用传统的蒸笼，配上粗瓷笨碗，使调料得到很好的保护和渗透作用，让菜品长时间入味，这样吃起来口感滑嫩，味道鲜美，肥而不腻，酥香软烂。用原始的做法和裸烹的模式做出真正体现原汁原味的乡土美食。

1996年，被评为内蒙古烹饪协会会员，聘为《东方美食》杂志社记者。

2003年，参加鄂尔多斯市首届烹饪大赛荣获个人一等奖，同年被评聘为内蒙古职业技能鉴定师、考评员。

2004年，受中央电视台、内蒙古广播电视台等媒体专访。

2005年，被准格尔旗人民政府评选为"乡土拔尖人才"。

2011年，被中国烹饪协会评选为中国烹饪大师。

2012年，被准格尔旗总工会评选为全旗"十大金牌工人"荣誉称号、同年当选准格尔旗政协委员（现已连任第十三、十四、十五届政协委员）。

2013年，担任内蒙古电视台《蔚蓝的故乡》美食导师，同年下旬，受准格尔电视台采访和报道，对乡土文化、五谷杂粮、传统美食"六六八八"做专访。

2013年5月，被命名为"准格尔传统饮食——六六八八"项目市级传承人。

2015年，参加人民大会堂举办的中国饭店协会名厨专业委员会活动，被评选为名厨委员会委员，中国饭店协会会员。

2018年，被内蒙古烹饪餐饮协会评定授予"改革开放40年餐饮业终身成就奖"称号。

2022年，被命名为"准格尔传统饮食——六六八八"项目旗级传承人。

2022年，被录选为内蒙古品牌管理师，同年被北京中烹饮食文化交流中心评为"中华美食工匠"，列入中国烹饪大师百人作品（第4、6、9卷）。

2023年，被评选为高级营养师、国家级技能竞赛裁判员至今。

2. 准格尔传统农饮食——六六八八项目旗级传承人

谢二占

男，汉族，1947年9月出生。初中文化，厨师。

1963—2001年，在长滩金属厂工作，2002年退休。

华永胜

男，蒙古族，1957年11月出生。

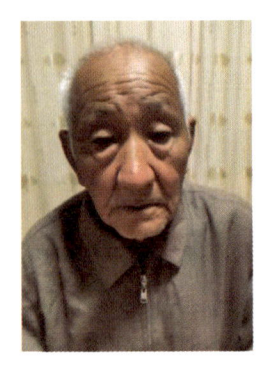

1989—1991年，在准格尔旗陶瓷厂工作。

1992—1998年，在准格尔旗农业局菜园工作。

1999—2005年，在准格尔旗电力木器厂工作，担任厨师。

2005—2017年，在准格尔旗乌兰牧骑工作，担任厨师。

2012年5月，被命名为"准格尔传统饮食——六六八八"项目旗级传承人。

二　传统技艺

·准格尔蒙古族服饰项目传承人

1. 准格尔蒙古族服饰项目市级传承人

奇木格

女，蒙古族，1976年4月出生，蒙古族服饰主理人。

从小随奶奶、母亲学习制作蒙古族传统服饰。掌握了蒙古族服饰刺绣、头饰、马海、传统皮雕的制作手法与技能。之后拜舅舅门根莎为师跟随学习传统马鞍的制作和传统木雕的手艺与设计。在此期间以制作蒙古族服饰为生。

2002年，走访了准格尔旗各乡镇近30户老一辈蒙古族人家，了解学习其他地区服饰的样式和制作工艺。

2007年，到东胜蒙古族服饰用品店做店长兼设计师工作。

2010年6月，被命名为准格尔蒙古服饰项目市级代表性传承人。

2018年，创立吉格锦尚民族服饰品牌。

2018年11月，吉格锦尚与呼和浩特森吉德玛共同设计制作了近5000套现代蒙古族服饰，担任总设计师。

2019年，参加鄂尔多斯传统蒙古族服饰展演，并获一致好评。

2019年为准格尔旗民族事务委员会设计制作参赛服，获得了二等奖。

2020年7月，前往鄂尔多斯市鄂托克前旗，学习参与现代民族服饰设计、鄂尔多斯传统蒙古族头饰设计。

2020年，向准格尔旗远赴武汉的"援鄂"抗疫医护人员捐赠25套（价值5万元）蒙古服饰。

2023年，参加准格尔旗非物质文化遗产项目代表传承人培训。

从学习准格尔旗民族服饰至今，制作设计数十万套蒙古族服饰。

2. 准格尔蒙古族服饰项目旗级传承人

奇雪梅

女，蒙古族，1963年11月出生。蒙古族服饰主理人。从小受外婆和母亲的影响，就对传统蒙古族服饰产生了极大兴趣，工作之余慢慢开始接触并学习制作蒙古族传统服饰，掌握了蒙古族服饰刺绣、头饰、马海、传统皮雕的制作手法与制作技能。在此期间以制作蒙古族服饰为生。

2000年开始专心进行蒙古族服饰的研究。从自己生活的周边村镇开始，走访了多位老一辈的蒙古族家庭，了解蒙古族服饰的样式特点及历史。

2004年，创办了民族服饰与奶食品店。

2009年，前往赤峰等内蒙古东部地区了解那里的蒙古族服饰特点、样式及其制作工艺。

2012年开始，将学到的有关蒙古族民族服饰的知识进行融合更新，针对顾客不同要求进行不同的设计创作，使得传统的蒙古族服饰不仅能得以传承更能与时俱进。

2012年5月，被命名为准格尔蒙古族服饰项目旗级代表性传承人。

2017年7月，前往鄂托克前旗，学习参与现代民族服饰设计、鄂尔多斯传统蒙古族头饰设计。

2019年，参加鄂尔多斯传统蒙古族服饰展演，并获一致好评。

2020年，参加准旗杏花节传统民族服饰展出并获得好评。同年不间断向周边蒙古族学校提供相关服饰。

2023年，参加准格尔旗非物质文化遗产项目代表传承人培训。

从学习准格尔民族服饰至今，制作设计数万套蒙古服饰。

·准格尔碗饦制作技艺项目传承人

1. 准格尔碗饦制作技艺项目市级传承人

徐兰地

女，汉族，1949年7月出生。父母是当地村镇有名的厨师，对晋陕蒙特色小吃有相当的了解，并能熟练掌握其制作工艺，尤其是碗饦的制作。从小得益于父母的言传身教，加之自己的喜爱，在二十几岁时就掌握了粉糁子、摅糁子、搅糁子、澄滤糁子等碗饦的传统制作工艺。在长期的实践中经过不断改进，形成了自己独特的碗饦制作技艺。

9—20岁，在家务农、学习地方特色小吃。从1980年至今一直从事地方特色小吃的制作。

2012年5月，被命名为碗饦制作技艺项目旗级代表性传承人。

2013年5月，被命名为碗托制作技艺项目市级代表性传承人。

2. 碗饦制作技艺项目旗级传承人

王润兰

女，汉族，1962年6月出生，初中文化，务农。1969—1976年在山西省大同学校读书。

1977—1981年，在家帮母亲打理碗饦生意，并学会了传统手工碗饦的制作。

1981年10月，从山西迁居准格尔旗布尔陶亥苏木铧尖村，1982年至今一直从事碗托等小吃生意，并指导年轻人制作传统碗饦。同时参加村、苏木以及旗里的各种文艺演出。

胡 涛

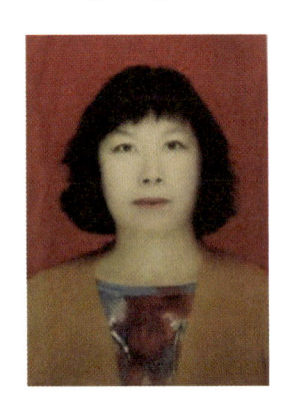

女，汉族，1973年3月出生，神陶集团退休职工。

1992年—1997年自谋职业。

1997年11月就职神陶集团，2023年3月办理退休。

1997年开始向徐兰地师傅学习碗饦的制作技艺。

2012年被命名为碗饦制作技艺项目传承人。

2018年又去河曲县向老艺人学习。同年参加第三届鄂尔多斯最美乡村旅游文化节暨准格尔旗2018那达慕大会非遗美食大赛，获得碗饦制作技艺第一名。

第四节　旗级非物质文化遗产项目传承人

一　民间文学

· 准格尔方言项目传承人

1. 准格尔方言项目旗级传承人

孙俊良

男，汉族，1965年11月出生于窑沟乡，2024年3月去世。2009年12月被命名为准格尔方言项目旗级传承人。

1995年3月—1999年3月，任准格尔旗广播电视台副台长、台长。

1999年12月—2005年9月，任准格尔报社副社长、副总编辑。

2005年10月—2007年12月，任准格尔报社社长、总编辑。

2007年12月—2019年10月，任准格尔旗文联主席。

2019年10月，任准格尔旗政协党组成员。

善于研究地方民间文学。曾搜集主编《准格尔方言》上、中、下卷和《准格尔方言拾遗》，由旗文联编印。

武文杰

男，汉族，1964年9月出生于准格尔旗铧尖公社神山大队。

1988年7月—1996年4月，准格尔旗六中任教。

1996年4月—2024年9月，在准格尔报社、准格尔旗融媒体中心工作，曾任报社副总编，副社长，社长、总编；融媒体中心副主任等职。

2009年12月被命名为准格尔方言项目旗级传承人。

长期坚持学习研究方言文化。注重与同仁交流探讨，在与本土广大文艺工作者、文艺爱好者互动中，还帮助指导上送作品，推荐宣传平台发表作品。近年来协助准格尔旗政协文史办编印《准格尔文史》3辑，协助旗民政局编印《准格尔旗地名志》上下册，《准格尔旗地名故事》；参与了旗委宣传部组织的关于《北疆文化·准格尔旗系列文化丛书》书稿的整理和编审工作。参加了旗委统战部、准格尔旗铸牢中华民族共同体意识研究会暨民族理论政策专家成员关于民族民俗文化等内容的调查研究，并参与了成果转化《石榴花开准格尔》（2023辑和2024辑）的编辑、审阅工作，这些作品中都有大量的本土方言。参与评审"漫瀚调歌词"等比赛作品。参加了旗文旅局主办的全旗第二届漫瀚调现场编词大赛的评委工作。参与准格尔旗非遗项目的研究及资料整理。

通过参与以上活动，在与广大文化工作者及社会各界文化人士的进一步交流、接触中，扩大了准格尔方言的挖掘与传承。

二　传统技艺

·准格尔传统手工地毯制作项目传承人

1. 准格尔传统手工地毯制作项目旗级传承人

陈秀莲

女，汉族，1962年5月出生于准格尔旗五字湾公社五字湾村。

1979年初中毕业，1982年10在纳林地毯厂学徒，1997年在沙圪堵民族地毯厂工作至转制下岗。2003年在沙圪堵久荣地毯厂工作至2014年。

2009年，被命名为准格尔传统手工地毯织造项目旗级首批传承人。

梁美英

女，汉族，1965年4月出生。

1982—2001年，准格尔旗民族地毯厂工作。从学徒工做起，熟练掌握了纯手工地毯制作的每一道工序，特别是准格尔旗手工地毯凸花工艺。

因企业转制，2001—2005年待业。

2005—2012年，准格尔旗久荣地毯厂工作。

2009年，被命名为准格尔传统手工地毯织造项目旗级首批传承人。

赵　俊

女，汉族，1971年6月生于准格尔旗五字湾村，1988年初中毕业，1988年10月在五字湾地毯厂学徒，1993年在沙圪堵民族地毯厂工作，至地毯厂转制下岗。

2003—2014年，在沙圪堵久荣地毯厂工作，2006年去辽宁培训3个月，学习润色技术。可以编制各种挂毯、车垫、艺术品以及各种高难度的地毯作品。

2014年10月至今在民乐社区工作。经常性参加周边地毯厂的交流。

2009年，被命名为准格尔传统手工地毯织造项目旗级首批传承人。

·准格尔民间刺绣项目传承人

1．准格尔民间刺绣项目旗级传承人

麻二籽

女，汉族，1963年7月出生。

从小爱好刺绣。参与了许多刺绣样品的制作工作，认真学习了刺绣工艺的操作流程，研究了每个步骤的细节要求，提高了自己的手工刺绣技艺。

2009年，被命名为准格尔民间刺绣项目旗级首批传承人。

倪秀清

女，汉族，1975年12月出生于准格尔旗十二连城乡。

从小就跟母亲学习刺绣，绣鞋垫、被单、布鞋等，至今已经四十余年，并继续努力学习和掌握各种刺绣技艺。

2009年，被命名为准格尔民间刺绣项目旗级第一批传承人。

郑少峰

女，汉族，1969年9月出生，高中文化，刺绣工艺师。

外婆、母亲都是刺绣能手，在前辈的影响下，自幼喜欢刺绣，刺绣成了平时生活的一部分。刺绣作品《清明上河图》（长2米）以及其他一些作品在准旗大型的书画、美术等展览中展出。多次参加社区刺绣交流活动。

·准格尔民间雕塑项目传承人

1. 准格尔民间雕塑项目旗级传承人

苗 玉

男,汉族,1940年8月出生,2019年12月病故。生前居于薛家湾镇。原籍山西省河曲县,原名苗蔚。初中文化,农民出身,准格尔旗工艺美术师、老年书画研究会会员。多年从事实用工艺美术,擅长民间绘画、书法、雕塑、油漆、纸作、装裱等技艺,并取得了较高的艺术成就。曾参加内蒙古自治区、鄂尔多斯市、准格尔旗书画展并获奖。

对准格尔旗的寺庙彩塑和壁画艺术的抢救、恢复做出了重要贡献,最典型的是布尔陶亥王爷府、准格尔召大庙、松王庙三皇殿复原重建装修工程。潜心钻研、发掘和传承民间工艺美术技艺,著成《工美技艺》书稿,涉及民间传统工艺美术"十项全能",有理论高度,有实践经验,有工艺流程,深入浅出,图文并茂,是一份珍贵的艺术资料和非物质文化遗产。另外,还写有短诗集《如兰》诗稿,都是古体诗,意境优美,诗中有画,画中有诗,体现了扎实的文学艺术功底。多年来,还在纸、绢、布上创作出近200幅中型毛笔画和诗联书法作品,书画内容丰富,涉及历史典故、民间传说、神话故事、人文山水及儒、释、道文化。

2009年12月,被命名为准格尔民间雕塑项目旗级传承人。

2015年7月1日,准格尔旗委宣传部、老年书画研究会在湖西书画院举办了"迎七一·苗玉先生书画作品展",获得了广泛的好评。

2016年6月,所撰写的《艺海拾遗》工美艺术专著,由内蒙古文化出版社出版发行,该书分上、下两卷,分别为《工美技艺》《苗玉工美艺术作品集》。

樊小平

男,汉族,1970年10月出生,民间工艺师。

自幼喜欢雕刻、泥塑、绘画、书法。1987年高中毕业后去河北省雕刻之乡——曲阳县学习美术、雕刻、雕塑、绘画、写字、书法等技艺。之后自立门户常年从事木画、泥塑、广告、演出道具、机械道具等一系列的研究与制作。

2009年12月，被命名为准格尔民间雕塑项目旗级传承人。

苗正山

男，汉族，1974年11月出生，大专文化。

1995年，毕业于呼和浩特原教育学院美术系。

1998年，毕业于中央美院徐悲鸿画室油画研究班。

2000年至今从事雕塑、古建筑、彩绘、壁画等工作。

2019年，被命名为准格尔民间雕塑项目旗级第一批传承人。

王天星

男，汉族，1966年1月出生。从事传统手工木雕刻工作。

从十几岁开始，就跟师傅在农村学习传统手工木建筑技术。40年间，一直从事本业务，已熟练掌握传统手工木雕技术、手工木制平雕、浮雕技术、油漆技术及以榫卯结构的木制建筑技术。2009年12月被命名为准格尔民间雕塑项目旗级首批传承人。

刘玉芝

女，汉族，1952年5月出生。1971年10月—1982年3月，乌达矿务局学校任教（一级教师）；1982年3月—1992年11月，乌达矿务局调度室（助理经济师、副科级）；期间，1990年12月加入中国煤炭经济研究会；1992年

7月加入内蒙古社会科学界联合会。1992年11月—1994年5月,准煤机电公司用电科(经营科长);1994年5月—1998年5月,准煤公司发电厂(绿化队队长);1995年准煤公司煤炭经济研究会成立,当选为第一届理事会理事。

2016年开始向王月英师傅系统学习蛋雕技艺。

经过多年的学习和实际操作,从开始各种蛋的实心雕刻,到目前已经能在空心蛋壳上流畅创作,可以独立完成每一个蛋雕作品。一件成功的作品,要经过选蛋、打孔、清液、打磨、构思、画样、刻轮廓、着色等十几道工序才能完成,每一步都有讲究,丝毫马虎不得。

2009年12月,被命名为准格尔民间雕塑项目旗级首批传承人。

其蛋雕技艺曾多次接受旗、市、区等媒体采访报道,部分作品经央广网和"千城百县看中国"发布在新华社客户端,并在"新春走基层——网上中国"专栏播出。

2024年5月,参加中法文化遗产交流互鉴活动,11件作品在法国巴黎展出。

· 准格尔传统面塑项目传承人

1. 准格尔传统面塑项目旗级传承人

叶爱连

女,蒙古族,1966年2月出生,高中文化。1983年9月—1997年8月,准格尔旗大路乡文化站工作;1997年9月—2007年5月,准格尔旗医药公司工作;2007年6月—现在,鄂尔多斯市新远国际旅行社副总经理;准格尔旗新远会展中心总经理。准格尔旗第十四届、第十五届政协委员。2017年7月荣获鄂尔多斯市准格尔旗"好人榜好人"荣誉称号;2017年11月被鄂尔多斯市妇联评为"优秀创业女性";2018年3月被准格尔旗政协委员会评为"优秀政协委员";2019年3月被准格尔旗政协委员会评为"优秀政协委员";2020年3月被鄂尔多斯市妇联评为"三八巾

帼抗疫标兵"。

1978年7月开始跟随母亲学习、研究面塑至今，能够以面为主料，用不同颜色蔬菜、水果调色，运用揉、搓、捏、掀，及小刀、竹刀等工具刻、切、划、塑、装饰，塑造传统人物、花、鸟、鱼、虫等形态。近年来，曾参加准格尔旗面塑进校园宣传活动、丰收节、年货节、元宵节面塑展示宣传活动、文化和自然遗产公益活动、幼儿园公益讲座；

2012年5月，被命名为准格尔传统面塑项目旗级代表性传承人。

2024年1月，接受中国网、中央广播电视总台17频道、人民网等媒体采访报道。同年2月被准格尔旗绿色餐饮协会评为"准格尔非遗美食传承人"。

张 丽

女，汉族，1962年4月出生，高中文化，自由职业，擅长传统面塑。

受姥姥、妈妈的影响，从小耳濡目染喜欢上了面塑，后来又通过电视、书籍、网络和各种各样的手艺比赛，不断学习创新，在保持过去古老手艺的基础上，加入了一些传统文化及元素，使"捏面人"与时俱进。

2012年5月，被命名为准格尔传统面塑项目代表性传承人。

2020年9月，受准格尔旗委组织部邀请参加鄂尔多斯市第三届农产品展洽会。同年12月，参加鄂尔多斯市"三社联动"厨艺比拼中，面塑作品获得第二名。

2022年7月，参加"打卡中国·最美地表——你好，内蒙古"网络国际传播活动，给国际友人展示了中华民族传统文化，并教他们如何制作面塑。此外，还多次参加了文化和自然遗产日宣传展示、培训体验活动，并接受地方媒体采访。

张秀枝

女，蒙古族，1982年4月出生，高中文化。2012年5月被命名为准格尔民间面塑项目旗级传承人。

面塑系祖传手艺，自幼受母亲的影响，酷爱捏制各种面人，学习至今已有20年，每逢年节，随母亲为邻里捏制形式各异的面人面鱼等。

2016年，参加民间手工技艺展演比赛，面塑作品《千手观音》荣获一等奖。

2019年，参加呼和浩特市举办的面塑大赛，作品《抱鱼娃》获得三等奖。

2023年5月，参加"霍州杯"黄河流域九省非遗花馍展演活动，获得"优秀创意奖"。

·准格尔民间工艺项目旗级传承人

1. 准格尔民间工艺项目旗级传承人

丁志荣

男，汉族，1962年7月出生，内蒙古民间文艺家协会会员，准格尔旗书美协会会员。

1997年，赴山东菏泽学习传统手工糨糊装裱、古旧字画揭裱修复、传统手工糨糊装裱剪纸、字画装裱专业+剪纸装裱、字画装裱专业+揭裱修复、手工机裱专业、机器装裱。

2007年，创办了准格尔旗首家集传统手工装裱、书法、美术、剪纸等民间艺术为一体的"荣伯画廊"。

2016年度，荣获准格尔旗十佳文化示范户。准格尔旗首批非遗项目准格尔民间工艺传承人。

所装裱作品荣获：2012年内蒙古鄂尔多斯·山西阳泉剪纸展参与奖；2013年《滕王阁杯》中国南昌第九届文学艺术大奖赛剪纸一等奖；2007—

2018年5次旗内剪纸展览一等奖、3次二等奖。装裱作品代表作有：《水浒人物全传》（80米）；《五十六个民族人物肖像》（40米）；2007—2018年鄂尔多斯电视台等媒体做过专题节目并报道。

王香莲

女，汉族，1936年11月出生，高中文化，擅长剪纸。2015年9月去世。

1974—1981年，在准旗榆树湾硫磺厂工作。

1981年退休。

2009年被命名为准格尔民间工艺项目旗级传承人。

樊振娥

女，汉族，1955年出生。

1985年参加工作，就职于准格尔旗纳林地毯厂，从事倒毛线，染毛线一职。

1999年跟随丈夫从事砖瓦工行业。

2003年在沙圪堵镇久荣地毯厂工作，直至地毯厂停产下岗。之后在地毯作坊工作，有着丰富的工作经验。

2009年被命名为准格尔地毯植物染色技艺项目旗级传承人。同年被命名为准格尔民间工艺项目旗级传承人。

金润狮

男，汉族，1955年9月出生，初中文化。一直与妻子配合，从事打铁生意近四十年。

1978—1980年，在五字湾修配厂学徒；1980—1990年，在五字湾修配厂工作。

1990—2000年，在五字湾家乡从事铁匠生意。

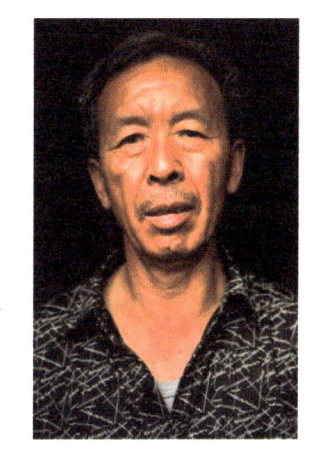

2000年以后，一直在沙圪堵镇开铁匠铺。熟练掌握铁匠传统技艺，能够独立打造菜刀、凿子、镐头等常用农具以及小型农用机具、生活日用器具。目前依然保存和使用器具有：老式风箱、老手锤、老火剪、老大锤等。地方媒体曾经做过题为"老镇里最后的铁匠铺"的报道。

四　传统美术

·准格尔民间剪纸项目传承人

1. 准格尔民间剪纸项目旗级传承人

李生荣

男，汉族，1959年1月出生于准格尔旗十二连城乡。1981—2015年，在中国人民武装警察部队某部服役。2015年退休。

7岁开始跟随母亲学习剪纸，小学、中学、大学一直是文化骨干。从未间断对剪纸的学习和实践。大学毕业入伍后，因具备这一爱好和特长，被部队破例由专业技术工程师改行从事政治工作，使自己的剪艺在学习和实践中得到了进一步的提高。作品受到军内外的广泛好评。退休后，全身心投入剪纸创作，为军内外单位多次举办剪纸讲座，并紧跟形势创作了大量弘扬主旋律、正能量，为广大群众喜闻乐见的作品。长年坚持的"每日一剪"，受到了剪纸专业各大平台的持久关注和大力推广，影响大，评价好。

其从艺经历和创作经验，分别被《雷锋》杂志和《鄂尔多斯日报》采访报道。作品共有170余幅被《鄂尔多斯文艺》和《准格尔报》刊登发表。其中40余幅作品先后4次入选参加准格尔旗政协和文联组织的展览活动。

丁　娟

女，汉族，1982年8月出生，准格尔旗民族中学美术教师。

2001年9月—2006年7月，任准格尔旗窑沟职业中学美术教师。

2006年9月至今，任准格尔旗民族中学，美术教师、剪纸校本课程辅导教师。

2009年12月被命名为准格尔民间剪纸项目首批旗级传承人。

2024年，1月31日参与中国网拍摄：新春走基层——"煤城"新春燃起"文化风"；3月25日在新时代文明实践中心交流展示。4月27日参加准格尔北京文化周非遗展示。5月1日参加巴黎国际博览会中国文化主题展。5月11日参加世界品牌莫干山大会文旅品牌推荐会。

樊八文

男，汉族，1972年11月出生，书画装裱、书法、绘画从业者。

2009年12月被命名为准格尔民间剪纸项目旗级传承人。

从小喜欢书法绘画、音乐文学、篆刻雕塑、剪纸板画等技艺。现为准格尔旗书法家协会会员，鄂尔多斯青少年书法家协会理事，中国硬笔书法协会会员，中国煤矿书法家协会会员，国家一级书画装裱师。

郝玉英

女，蒙古族，1953年6月出生黑岱沟乡阳窑子村，从小对剪纸感兴趣，跟随舅舅开始学习。积极参加各类剪纸及刺绣类展览，参加社区组织的有关活动，经常与社区其他民族居民沟通技艺。后来又开始学习蒙古族刺绣，参加老年大学及各类培训丰富文化知识、手工业及刺绣相关知识，提升技能。学习旗袍走秀与蒙古袍走秀，参加安徽省旗袍走秀。

2009年12月，被命名为准格尔民间剪纸项目旗级传承人。

2012年，剪纸作品曾获"准格尔旗首届女性书法、绘画、剪纸、刺绣展"一等奖。

2013年，"准能公司首届职工文化节展览"剪纸作品永久收藏。

2014年，剪纸作品《五大伟人》入选准格尔旗第二届女性书法、绘画、摄影、剪纸、刺绣、手工艺品展览。

2015年，剪纸作品入选准格尔旗第三届女性书法、绘画、摄影、剪纸、刺绣、手工艺品展览。同年获得"与法同行"主题书法、绘画、摄影、工艺品大赛优秀奖。

2019年，获得准格尔旗非物质文化遗产展一等奖。同年获得"巧手创造美好生活"妇女传统技艺展示活动最佳参与奖。

李金莲

女，汉族，1964年3月出生，从事美术装潢工作。

1982年参加工作，先后在纳林地毯厂，准格尔旗二轻局沙圪堵制鞋厂工作。

1995年承包厂内车间，从事装潢业务，并去伊金霍洛旗进修装潢业务一年，晋升为美术装潢技师。1998年单位转制下岗。

2006—2011年在准格尔旗城市管理局工作。退休后，全身心投入剪纸手工艺品制作。

2009年12月被命名为准格尔民间剪纸项目旗级传承人。

2023年被准格尔旗文化馆聘为剪纸老师，参加剪纸授课工作。

李俊广

男，汉族，1960年10月出生。1978年参加工作，在赤峰市平庄西露天矿采掘队，任倒班队长、副书记；1991年调入准格尔，在准煤公司黑岱沟露天矿先后任工务队长、书记；穿爆队队长、书记；整备队书记。2021年10月退休。

2009年12月被命名为准格尔民间剪纸项目旗级传承人。

2022年参加旗文联举办的清正廉洁作品展，展出作品50多幅。

2023年5月8日—6月7日参加"中国非物质文化遗产传承人研修培训计划"——剪纸培训班。

参加国能准能集团举办的书画剪纸展，展出剪纸作品十几幅，并荣获特等奖。

2023年创作并展出百余幅作品。在自治区大型舞剧表演期间，在非遗展区展示剪纸作品；参加准格尔旗第七届杏花节剪纸作品展览；在准能集团举办的书画剪纸活动中进行专区展示。在全市绿色矿山建设现场会展示了非遗剪纸作品。

焦冬梅

女，汉族，1964年11月出生于陕西省定边县，现定居于准格尔旗纳日松镇乌拉素村。从小就受陕北剪纸文化的影响，喜欢画画和剪纸。遇到村里有人结婚、生日之类的喜事，就会帮忙剪些窗花、喜字来增添喜庆气氛。

从2002年开始，更是痴迷剪纸艺术，边务农边从事剪纸工作。至今，已剪有500多幅作品，包括"四大古典名著"、38米长卷的"万里长征"等。

2002年剪纸作品《赛马场》在全旗第七届美术、书法、摄影展评比中荣获二等奖。

2009年被命名为准格尔旗"乡土拔尖人才"。

2009年12月被命名为准格尔民间剪纸项目旗级传承人。

2012年剪纸作品在《"蒙牛情"·内蒙古第三届草原母亲节女子书画摄影展》中获得优秀奖。

2013年剪纸作品《廉》荣获准格尔旗第二届廉政文化研讨会优秀廉政文化作品二等奖。

2014年荣获东胜区林荫街道第二届居民手工艺作品创作大赛二等奖。

张翠枝

女,汉族,1966年11月出生,高中文化程度。2010年加入内蒙古民间文艺家协会,准旗文化艺术乡土拔尖人才。自幼受家庭和地域文化环境影响,特别擅长剪纸艺术。

2012年3月,剪纸作品在内蒙古鄂尔多斯·山西阳泉剪纸作品艺术联展中获一等奖。

2012年5月被命名为准格尔民间剪纸项目第二批旗级传承人。

2012—2015年,创作剪纸、手工、刺绣作品连续三届入选由准格尔旗妇联与准格尔旗文联举办的"准格尔旗女性书法、绘画、摄影、剪纸、刺绣、手工艺作品展"。

2012年12月,作品《荷塘月色》,在"蒙隆杯·风情准格尔"书画摄影大赛中荣获美术类优秀奖。

2013年10月,参加"滕王阁杯"中国南昌第九届文学艺术大奖赛,荣获一等奖。2013年创作的剪纸作品《反腐倡廉》荣获准格尔旗第二届廉政文化研讨会优秀廉政文化作品一等奖。同年参加准能公司首届职工文化节展览,作品被准能公司永久收藏。

杨永光

男,蒙古族,1967年11月出生于三宝窑子村,高中文化。美术设计、雕刻剪纸从业者。

1987年毕业于准格尔旗民族中学，1990年在准格尔旗矿区装潢公司工作，1998年至今从事广告装饰设计、绘画剪纸传承等工作。2012年3月，剪纸作品在内蒙古鄂尔多斯·山西阳泉剪纸作品艺术联展中展出。

2009年12月被命名为准格尔民间剪纸项目第二批旗级传承人。

继承母亲和姐姐剪纸技艺，研习刘静兰大师剪纸风格，学习实践本行30余年，将传统民间剪纸技艺与电脑数控雕刻相结合，创办了剪纸创作传承基地。

准格尔旗非物质文化遗产项目名录

序号	项目类别	项目名称	项目级别	项目保护单位
1	传统音乐	漫瀚调	国家级	准格尔旗漫瀚调艺术研究所
2		准格尔蒙古族民歌	区级	准格尔旗漫瀚调艺术研究所
3	民俗	灯游会	区级	准格尔旗文化馆
4		油松王祭祀	区级	准格尔旗文化馆
5		准格尔召经会	区级	准格尔召宝堂寺寺庙管理委员会
6		骡驮轿婚俗	区级	准格尔旗旅游协会
7		准格尔蒙古族服饰	市级	准格尔旗民俗文化协会
8		准格尔饮食文化——"六六八八"	市级	准格尔旗餐饮协会
9		准格尔传统寿诞礼俗	旗级	准格尔旗文化馆
10		准格尔传统丧葬礼俗	旗级	准格尔旗文化馆
11		准格尔传统面塑	旗级	准格尔旗文化馆
12		准格尔蒙古族婚礼	旗级	准格尔旗民俗文化协会
13	传统体育	准格尔围老虎、扯皮裤等民间传统游艺	市级	准格尔旗体育事业发展中心
14	传统技艺	准格尔酸粥制作技艺	旗级	准格尔旗餐饮协会
15		准格尔碗饦制作技艺	市级	准格尔旗餐饮协会
16		准格尔地毯植物染色技艺	区级	准格尔旗准利地毯有限公司
17		准格尔粗瓷烧制技艺	区级	内蒙古伊东力弘瓷业有限公司
18		准格尔石窑营造技艺	旗级	准格尔旗住建局

续表

序号	项目类别	项目名称	项目级别	项目保护单位
19	传统技艺	准格尔传统手工地毯制作技艺	旗级	准格尔旗准利地毯有限公司
20	传统美术	准格尔民间剪纸	旗级	准格尔旗文化馆
21		准格尔民间刺绣	旗级	准格尔旗文化馆
22		准格尔民间雕塑	旗级	准格尔旗文化馆
23		准格尔民间工艺	旗级	准格尔旗文化馆
24	民间文学	准格尔传说故事	区级	准格尔旗图书馆
25		准格尔喇嘛教史话	旗级	准格尔召宝堂寺寺庙管理委员会
26		准格尔方言	旗级	准格尔旗文联
27		准格尔谚语	旗级	准格尔旗文联

准格尔旗非物质文化遗产项目及传承人汇总表

项目级别	项目名称	项目批次/时间	传承人级别	传承人	总人数
国家级1	漫瀚调	第二批 2008.6	国家	奇附林	64
		第一批 2007.6	区级	王凤英（大）、郭立民（已故）	
		第一批 2009.12	市级	刘新民、岳文祥、刘莹、侯来元、王秀花、付二兰、韩丽（退出）、弓赛音吉雅（已故）、黄山（已故）	
		第一批 2009.12	旗级	王世清、奇俊文	
		第二批 2012.5	旗级	谢二东、田光成、张茂荣、王伟业、刘虎全、王美臻、张美丽、何银秀、张三仲、王慧萍	
		第三批 2022.9	旗级	王凤英(小)、王雅琴、乔瑞锋、李治成、张燕、杜金娥、贾四女、李美清、奇固元、黄玉莲、张在义、鲁巧荣、贾玲、靳丑丑、吕志强、王利、张二万、赵兰女、陈燕、周俊丽、高美珍、吴花女、王当女、张丽霞、王瑞英、李晓旭、黄玉蓉、李智慧、常海宾、张春生、马国辉、周展申、张七斤、戚万治、刘混祥、杨海清、鲍欢、鲍建栋、李欢、潘铁良	

续表

项目级别	项目名称	项目批次/时间	传承人级别	传承人	总人数
自治区级 8	灯游会	第一批 2007.6	区级		4
		第一批 2007.6	市级	刘玉印、杨云（已故）	
		第一批 2009.12	旗级	吕建议、刘继成	
	准格尔传说故事	第二批 2009.6	区级	张俊廷（已故）	3
		第二批 2010.6	市级	王拴	
		第一批 2009.12	旗级	杨云（已故）	
	油松王祭祀	第二批 2009.6	区级		4
		第二批 2010.6	市级		
		第一批 2009.12	旗级	刘玉印、李存师（退出）、张苟小、云达赖（已故）	
	准格尔召经会（与查玛舞）	第二批 2009.6	区级		4
		第二批 2010.6	市级		
		第一批 2009.12	旗级	李加东智、作追、周本、普化杰	
	准格尔地毯植物染色技艺	第二批 2009.6	区级	王根凤	10
		第二批 2010.6	市级	杨秀珍、潘金花	
		第一批 2009.12	旗级	赵俊、梁美英、陈秀莲、樊振娥、郝向荣、屈青云、杨礼锁	

185

续表

项目级别	项目名称	项目批次/时间	传承人级别	传承人	总人数
自治区级 8	骡驮轿婚俗	第二批 2009.6	区级		
		第二批 2010.6	市级		
		第一批 2009.12	旗级	杨云（已故）	1
	陶瓷烧制技艺（准格尔粗瓷烧作技艺）	第五批 2015.12	区级		
		第四批 2015.6	市级	王树兵	4
		第一批 2009.12	旗级	王留柱（已故）、陈永成（已故）、杨二喜	
	蒙古族民歌（准格尔民歌）	第六批 2018.4	区级	王世清	
		第二批 2010.6	市级	奇俊文、王玉花、郝瑞兰	12
		第一批 2009.12	旗级	萨格莎、赛米德格、杨四梅、杨文华、钱钧、萨如拉、郝图娅、韩福海	
市级 4	准格尔围老虎、扯皮裤等民间游艺传统游艺	第三批 2013.5	市级		
		第二批 2012.5	旗级		
	准格尔蒙古族服饰	第二批 2010.6	市级	奇木格	2
		第二批 2012.5	旗级	奇雪梅	

续表

项目级别	项目名称	项目批次/时间	传承人级别	传承人	总人数
市级 4	准格尔饮食——"六六八八"	第三批 2013.5	市级	贺林	3
		第二批 2012.5	旗级	谢二占、华永胜	
	准格尔碗托制作技艺	第三批 2013.5	市级	徐兰地	3
		第二批 2012.5	旗级	胡涛、王润兰	
旗级 14	准格尔喇嘛教史话	第一批 2009.12	旗级	弓赛音吉亚（已故）	1
	准格尔民间剪纸	第一批 2009.12	旗级	刘永祯、焦冬梅、丁娟、樊八文、杨永光、郝玉英、李金莲、李生荣、李俊广	9
	准格尔民间刺绣	第一批 2009.12	旗级	张翠枝、倪秀清、崔荣、蔚翠花、麻二籽、郑少峰	6
	准格尔民间雕塑	第一批 2009.12	旗级	徐飞、苗玉（已故）、苗正山、刘玉芝、王天星、樊小平、张喜林	7
	准格尔民间工艺	第一批 2009.12	旗级	任纯英、王香莲（已故）、杨玉英、王月英（已故）、樊振娥、丁志荣、张秀枝、金润狮	8
	准格尔方言	第一批 2009.12	旗级	孙俊良（已故）、杨云（已故）、武文杰	3
	准格尔谚语	第一批	旗级	杨云（已故）	1
	准格尔传统面塑	第二批 2012.5	旗级	张丽、叶爱莲	2
	准格尔传统寿诞礼俗	第二批 2012.5			
	准格尔传统丧葬礼俗	第二批 2012.5			
	准格尔传统手工地毯制作技艺	第三批 2022.9			

187

续表

项目级别	项目名称	项目批次/时间	传承人级别	传承人	总人数
旗级14	准格尔石窑营造技艺	第三批 2022.9			
	准格尔酸粥制作技艺	第三批 2022.9			
	准格尔蒙古族婚礼	第三批 2022.9			
					151
合计	142人（退出21人、现有121人）				
	27个项目：国家级1人、自治区5人、市级21人、旗级142				

说明：

1. 一人传承多个项目。

　　樊振娥2项：民间工艺、地毯植物染色。

　　弓赛音吉雅2项：喇嘛教史话、漫瀚调。

　　刘玉印2项：油松王祭祀、灯游会。

　　王世清2项：蒙古族民歌、漫瀚调。

　　奇俊文2项：蒙古族民歌、漫瀚调。

　　杨云5项：灯游会、骡驮轿婚礼、传说故事、方言、谚语。

2. 部分传承人信息未录入。个别非物质文化遗产传承人或过世，或迁居，或停机，无法联系信息未能录入。

后　　记

　　《古风今韵非遗集》一书，作为"北疆文化·准格尔文丛"之一，经过近一年的紧张编辑，终于有了雏形。

　　该书在整理、编写过程中，按照文史资料的基本规范，力求文章的典型、翔实、具体，既注重史实性，也注重可读性，较为全面地记录了准格尔旗境内分布的非遗项目。编辑此书，毕竟是一项繁复而系统的文字工程，且又是首次收集整理，很多图片资料极为欠缺。好在旗内许多摄影同仁如陈文俊、李志刚、李颖、贾志杰等给予了大力支援，部分图片得以及时补空。还有一些高龄传承人的子女和弟子也积极提供了老人们的有关图文资料，使得个人信息趋于完善。在此万分感激大家的配合与帮助。

　　至今，在准格尔旗还有许多未曾申报非遗的项目，如：社火活动、准格尔伊金祭祀、准格尔点力素敖包祭祀、准格尔祭火、墙围画技艺、手擀豆面技艺、打月饼技艺、腊八粥制作技艺、凉糕制作技艺、二月二习俗、准格尔柳编工艺等等。我们期望更多珍贵的民间项目，能够入列非遗，得以重点保护，久远传承。

　　《古风今韵非遗集》编辑之时，也让我们感到心情特别急迫、特别沉重，这不仅仅是有些非遗项目需要抢救性保护传承，还有一些传承人的档案也需要尽快整理留存，如今140多位传承人中，遗憾的是已有10多位辞世。

　　由于水平所限，加之时间仓促，书中不足与差错在所难免，恳请专家、读者批评指正。

编　者

二〇二四年十月